PETER NEUNER · DER LAIE UND DAS GOTTESVOLK

Peter Neuner

DER LAIE UND DAS GOTTESVOLK

VERLAG JOSEF KNECHT · FRANKFURT AM MAIN

CIP— Kurztitelaufnahme der Deutschen Bibliothek

Neuner, Peter:
Der Laie und das Gottesvolk/Peter Neuner.
— 1. Aufl. — Frankfurt am Main: Knecht, 1988
ISBN 3-7820-0572-4

ISBN 3-7820-0572-4

Gesamtherstellung: SDV Saarbrücker Druckerei und Verlag GmbH,
Saarbrücken

Meinen Hörern in Passau und München

VORWORT

Dieses Buch verdankt sein Entstehen einer Anregung der Studentenschaft. Auf ihren Wunsch hin hielt ich im Wintersemester 1986/87 gemeinsam mit Herrn Dr. Heribert Wahl vom Institut für Praktische Theologie an der Universität München ein Seminar zum Thema »Der Laie in der Kirche«. Im Verlauf dieser Veranstaltung sammelten die Teilnehmer eine Fülle von biblischen und historischen Materialien und erarbeiteten Gesichtspunkte für deren systematische Durchdringung. Dabei tauchte der Plan auf, die gemeinsam gewonnenen Erkenntnisse zu sammeln und sie in der Hoffnung zu veröffentlichen, sie könnten im Prozeß der Rezeption der römischen Bischofssynode über den Laien in der Kirche von Nutzen sein.

Am Anfang dieses Buches muß der Dank stehen, zunächst an Herrn Dr. Wahl, der in den Sitzungen darauf gedrängt hat, daß die historischen Funde und die systematischen Ideen immer wieder auf ihre praktischen Konsequenzen hin transparent gemacht wurden. Mein Dank gilt ferner den zahlreichen Teilnehmern an diesem Seminar. Ich konnte mich bei der Ausformulierung der vorliegenden Untersuchung immer wieder auf Überlegungen stützen, die in den Referaten vorgetragen und in den Diskussionen weiterhin geklärt worden waren. Diese Seminararbeiten sowie die in ihnen verarbeitete Literatur bildeten jeweils die Ausgangspunkte für meine weiteren Studien. Ohne die vielfältigen Anregungen, die ich so erhalten habe, hätte das Buch nicht geschrieben werden können. Selbstverständlich gehen aber alle Lükken, Mängel und vielleicht festzustellenden Einseitigkeiten allein zu Lasten des Autors.

Mein Dank gilt meinen Mitarbeitern am Institut für Dogmatik: Herrn Dr. M. Hardt für die Vorbereitungsarbeit des Seminars sowie Frau M. Drayer, Frau V. Enter und Frau H. Weber für die sorgfältige Erstellung des Manuskripts und für das Lesen der Korrekturen.

Zueignen möchte ich das Buch meinen Hörern an den Universitäten Passau und München, unter denen die »Laien« gegenüber den Priesteramtskandidaten jeweils den größeren Anteil stellen. Wenn ich abschließend die Hoffnung äußere, das Buch möge nicht allein für Fachleute, sondern auch für Laien von einem gewissen Nutzen sein, dann verwende ich den Begriff »Laie« in einem ganz anderen Sinn als in den vorhergehenden Zeilen. Diese Bedeutungsdifferenz führt mitten in die Thematik des Buches.

München, im Januar 1988 Peter Neuner

INHALT

EINLEITUNG UND THEMENSTELLUNG

Als Papst Pius XI. an Weihnachten 1922 in seiner Antrittsenzyklika *Ubi arcano* die Katholische Aktion propagierte, rief er darin die katholischen Laien jeden Alters, Standes und Geschlechts zur Teilnahme am hierarchischen Apostolat auf, damit die Welt im Geist Christi erneuert werde. Es war für die Laien in der Kirche eine ganz neue Erfahrung, daß sie vom Papst selbst in einem programmatischen Schreiben ernst genommen wurden, daß man sie akzeptierte, gar als selbständige Glieder der Kirche anerkannte und mit bisher kaum gehörten Ehrentiteln auszeichnete. Bisher war es ihnen, wie der französische Mathematiker, Philosoph und Laientheologe Edouard Le Roy dargestellt hatte, eher so ergangen wie jenen Lämmern, die am Lichtmeßtag vor den Papst gebracht werden und aus deren Wolle die Pallien als die Zeichen der erzbischöflichen Würde gewebt werden: »Sie bekommen den Segen und werden geschoren«[1]. Und gar nicht selten waren die Laien auch als Konkurrenten und Widersacher, wenn nicht gar als Feinde des Klerus erschienen. Sollten etwa die neuen Ideen von den Menschenrechten, der Würde der Person und der Gleichheit aller auch in der Kirche auf fruchtbaren Boden fallen und das Wort von der grundlegenden Ungleichheit der Kirchenglieder ablösen? Sollte die Kirche bereit sein, die neuen Ideale der Gesellschaft in ihrer Ordnung und inneren Struktur zur Geltung zu bringen?

Früher war es selbstverständlich gewesen, daß sich Gestalt und Verfassung der Kirche immer auch in der Auseinandersetzung mit der Gesellschaft, also in Rezeption und Zurückweisung staatlicher Strukturen weiterentwickelt hatten. Die jeweilige Gesellschaftsordnung hatte ihre Spuren immer auch in der Kirche hinterlassen. Jetzt hatten sich in allen europäischen Staaten die seit der Aufklärung erhobenen Forderungen nach Demokratie durchgesetzt. Müßte nun nicht auch in der Kirche eine Neubesinnung einsetzen und die Basis, das »Volk«, die Gläubigen, Anteil erhalten an der Verantwortung für das Geschick der Kirche und die Erfüllung ihrer Aufgaben? Natürlich könne die Kirche nicht zur Demokratie werden, darüber war man sich durchaus im klaren. Das Modell der neu entstandenen Demokratien paßte nicht für sie. Aber die Grundsätze der Gleichheit aller, der Menschenwürde, der Personenrechte, der Freiheit haben eine gut biblische Wurzel. Sollten sie nun auch innerkirchlich ihre Frucht bringen und die Konzentration aller Befugnis auf wenige Amtsträger überwinden helfen? Es würde keineswegs der Grundordnung der Kirche widersprechen, wenn nun auch die Laien als vollberechtigte Glieder der Kirche akzeptiert würden und damit auch ein gewisses Mitspracherecht erhielten. Man hoffte auf eine Neuentdeckung der Laien, nicht zuletzt auch deswegen, weil man sie nun brauchte, wie die Enzyklika aus dem Jahr 1922 sehr deutlich zum Ausdruck brachte: Im Gegensatz zu früheren Zeiten sei es jetzt nicht mehr möglich, die christliche Botschaft ohne ihre Hilfe und Mitwirkung in der differenzierter und schwieriger gewordenen Welt zu verkünden.

Doch wie im Staat ist auch in der Kirche dieser Prozeß der Neubesinnung auf den Bürger bzw. auf den Laien nicht ohne Schmerzen und Spannungen abgelaufen. Vor allem in der zweiten Hälfte des 19. und der ersten Hälfte des 20. Jahrhunderts häufen sich die Bemühungen der Kirche, sich gegen die Entwicklungen der Neuzeit zu stemmen, Humanismus, Liberalismus und Sozialismus zumindest in den eigenen Reihen keinen Raum zu geben. Diese Haltung war in einem gewissen Maße unvermeidlich, weil sich diese Neuansätze damals weithin antikirchlich profilierten. Sie alle verstanden die Kirche als Teil des überkommenen Regimes, das zu überwinden sie auf ihre Fahnen geschrieben hatten. Sie betonten im Gegensatz zu den Vorstellungen von Gottesgnadentum, von Autorität, hierarchischer Ordnung und Gehorsam die Gleichheit aller, die Freiheit des Denkens und der Lebensgestaltung, die Brüderlichkeit, die paternalistische Haltungen unmöglich machte. Weil sich die Kirche diesen Ansprüchen widersetzte, kam es zu einer verbreiteten Entfremdung breiter Volksschichten von der Kirche. Die Leute, vor allem die Arbeiter, gingen ihre eigenen Wege, und diese führten sehr viele von ihnen von der Kirche weg.

Diese Abkehr vom Christentum, verbunden mit den Ansprüchen von Laien auf Mitbestimmung, wurden Anlaß für eine Neubesinnung in der Kirche. Dem Auszug der Massen versuchte man mittels der *Katholischen Aktion* zu begegnen: hier sollten die Laien organisiert und befähigt werden, die christliche Verkündigung in den Feldern zu übernehmen, die für den Klerus kaum noch zugänglich waren: in den Fabriken und Büros, in Wirtschaft und Politik, in Familie und Freizeit. Wesentlich schwerer tat man sich mit der Forderung nach Gleichheit aller und Selbständigkeit der Laien, denn sie schien der hierarchischen Ordnung der Kirche zu widersprechen. Diese Idee fand im Prinzip erst im II. Vatikanischen Konzil ihre kirchliche Anerkennung.

Doch letztlich wurde das Problem des Laien in der Kirche erst in den Jahren nach dem II. Vatikanum akut. Im Grunde hat man noch im Konzil mit der Betonung des Laien die unterschiedlichen Erwartungen von der Mobilisierung der Massen und von der Freiheit eines Christenmenschen verbunden, die schon ihrer Widersprüchlichkeit wegen nicht beide in Erfüllung gehen konnten. In der nachkonziliaren Zeit beschleunigte sich, jedenfalls in weiten Bereichen Westeuropas, der Prozeß der Entkirchlichung zusehends. Steigende Zahlen von Kirchenaustritten und sinkende Teilnahme am kirchlichen Leben sind die statistisch erhebbare Seite des Problems. Andererseits hat die Bemühung um die Laien durchaus dazu geführt, daß viele Gläubige sich enger an die Kirche anschlossen und Verantwortung übernahmen. Aber sie waren nun weithin nicht mehr zufrieden mit der Stellung, die ihnen die Kirche anzubieten hatte. Innerhalb der herkömmlichen Strukturen fanden sie oft kein angemessenes Betätigungsfeld, das mehr als Hilfs- und Zubringerdienste für den Klerus gestattet hätte, und das über eine Mithilfe bei der Caritassammlung, beim Verteilen von Pfarrbriefen und eine Stellung als Sänger im Kirchenchor hinausgegangen wäre. Im Rahmen der katholischen Verbände, von Pfarrgemeinderat, Diözesanrat und Dekanatsrat, von Kirchenverwaltung und Katholikentagsarbeit vermochte nur eine kleine Zahl derer, die sich in der Kirche engagieren wollten, einen Platz zu finden. Manche schlossen sich Vereinigungen oder Bewegungen an, die ein bewußtes Eigenleben führten und sich von der normalen Pfarrarbeit abkapselten und ihre Mitglieder den Pfarreien entfremdeten. Die Pfarrer waren darüber verständlicherweise nicht glücklich.

Vor allem aber blieb durch das Konzil das Problem

ungelöst, welche Vollmacht den Laien bei den Entscheidungen der Kirche zukommen soll. Es verbreitete sich Mißmut angesichts der Tatsache, daß kirchliche Aufgaben auf Laien übertragen wurden, in allen Fragen aber, soweit sie nur irgendwie von Belang waren, die Entscheidungsprozesse unverändert nach vorkonziliarem Muster abliefen, daß hier von Mitverantwortung oder auch nur von Transparenz keine Rede sein konnte.

Angesichts der verschiedenen Erwartungen der Laien und an die Laien und die damit verbundenen Enttäuschungen war es höchst sinnvoll, daß sich die römische Bischofssynode, das höchste Beratungsgremium des Papstes, im Oktober 1987 der Thematik *Die Berufung und Sendung der Laien in Kirche und Welt* stellte. Im Vorfeld dieser Synode wurden ungezählte Veranstaltungen und Akademien durchgeführt, es erschienen Zeitschriftenaufsätze und ganze Bücher, man las berufene und weniger berufene Stellungnahmen. Nach dem Abschluß dieser Synode gilt es nun, die in Rom oder auch anderswo vorgetragenen Ideen zu verarbeiten und sie für die Laien in der Kirche fruchtbar zu machen. In diesen Rezeptionsprozeß will sich die vorliegende Arbeit eingliedern. Sie versucht, sich in mehreren Ansätzen einem Verständnis dessen zu nähern, was wir kurz mit dem Wort »Laie« bezeichnen, ein Begriff, der wesentlich weniger klar und eindeutig bestimmt ist, als es zunächst vielleicht erscheinen mag. Das Buch will über den Christen handeln, der sich um seinen Glauben und seine Kirche müht und der oft wenig Gelegenheit findet, sein Engagement sinnvoll zu verwirklichen, weil er sich mit Hilfsarbeiten für den Klerus nicht zufrieden geben will.

An dieser Stelle muß nun aber auch gesagt werden, worüber in diesem Buch nicht oder jedenfalls nicht in erster Linie gehandelt wird:

Das Buch handelt in erster Linie nicht von »*Laientheologen*«. Das mag erstaunen, sind doch mehr als drei Viertel der Studentinnen und Studenten an unseren theologischen Fakultäten derzeit solche Laientheologen. Sie bereiten sich darauf vor, einmal beruflich, also hauptamtlich, in der Kirche zu arbeiten, ohne daß sie die Priesterweihe empfangen wollen oder dies angesichts der bestehenden kirchenrechtlichen Regelungen könnten. Sie wollen als Laien, verstanden im Sinn von Nicht-Amtsträgern, hauptamtlich in der Kirche wirken — schon von der gedanklichen Konstruktion her nicht ganz einfach zu vollziehen: Kann man haupt*amt*lich Nicht-*Amts*träger sein? Man unterscheidet im heutigen kirchlichen Jargon manchmal »den Klerus«, »die Laien« und »die Leut'« voneinander. In dieser Terminologie erscheinen die Laien bereits als ein eigener, von den Gläubigen abgehobener, als ein privilegierter Stand in der Kirche. Er umfaßt die Hauptamtlichen, die »Berufslaien«. Sie haben eine in aller Regel anspruchsvolle Ausbildung durchlaufen und üben nun ihren Beruf mit seiner verantwortlichen Aufgabenstellung aus. Doch nicht über die »Laientheologen«, sondern über »die Leut'« soll in diesem Buch gehandelt werden. Dennoch sei schon an dieser Stelle der Hinweis erlaubt, daß diese Überlegungen auch etwas über die »Berufslaien« und die Bestimmung ihrer Stellung in der Kirche aussagen werden.

Das Buch handelt nicht von den offiziellen Laien in der Kirche, die haupt- oder nebenamtlich als *Funktionäre* des Laienkatholizismus auftreten. Es sei nicht bezweifelt, daß sie wichtige Arbeit leisten, daß sie in der Öffentlichkeit eine Stimme laut werden lassen, die nicht fehlen darf, und daß sie Anliegen unserer Gesellschaft, gerade auch moralische und sozialethische Postulate artikulieren können, die für die Entscheidungsträger nicht ungehört bleiben dürfen. Nicht selten gehören diese Repräsentanten des Verbandskatholizismus selbst zu den verantwortlichen Entscheidungsträgern. Dennoch kommt durch sie nicht einfach die katholische Laienschaft zu Worte. Die Funktionäre sind zwar demokratisch gewählt, aber sie können nicht den Anspruch erheben, für die katholischen Laien zu sprechen, und sie tun dies auch nicht[2]. Viele Katholiken sehen in den Repräsentanten des Laienkatholizismus eine neue, sich von den »normalen« Laien abhebende Gruppe, eine katholische Elite, die in enger Fühlungnahme mit den Bischöfen das in die Öffentlichkeit bringt, was die Bischöfe vielleicht nicht so gerne sagen. Es mag offen bleiben, ob dieser Eindruck berechtigt ist oder nicht. Doch der Laie, über den hier nachgedacht werden soll, schaut anders aus als der Vertreter der katholischen Verbände. Hat ersterer den Eindruck, daß er in der Kirche letztlich nichts zu sagen hat, ist die Stimme des Funktionärs von erheblichem Gewicht. In diesem Buch soll zunächst jener im Blick sein, auf den die Öffentlichkeit normalerweise nicht schaut.

Das Buch handelt auch nicht primär über die *Frauen*. Das muß besonders begründet werden, hat sich doch sogar die römische Bischofssynode eingehend mit der Frage der Frauen in der Kirche befaßt. Man ist aufgeschreckt durch die Berichte, denen zufolge derzeit ein besonders starker Exodus aus der Kirche seitens der jüngeren Frauen stattfindet. Im 19. Jahrhundert, so sagt man, hat die Kirche die Arbeiter verloren, jetzt ist sie dabei, die Frauen zu verlieren. Dies beunruhigt auch deshalb, weil die Weitergabe des Glaubens an die Kinder und damit an die nächste Generation bisher schwerpunktmäßig durch Frauen erfolgte. Wenn sie diese Funktion in Zukunft nicht mehr ausüben, sind die

Folgen sicherlich tiefgreifend. Auch seitens der Frauen selbst wird diese Thematik in das öffentliche Bewußtsein gebracht. Die feministische Theologie untersucht die Stellung der Frau in der Kirche. Sie zeigt die Mechanismen auf, wie Frauen nicht nur in der Gesellschaft, sondern in besonderer Weise auch in der Kirche unterdrückt wurden[3]. In der Frauenfrage, so könnte man sagen, spitzt sich die Laienfrage in ganz besonderer Weise zu. Denn wie die Laien insgesamt von den Klerikern überlagert werden, so werden die Frauen noch einmal von den Männern niedergehalten. Sie sind damit in der Kirche gleichsam Untertanen zweiter Ordnung. Insofern ist die Frauenfrage in gewisser Weise geradezu ein Parameter für die Wertschätzung, die der Laie in der Kirche genießt.

Dennoch habe ich die Frauenproblematik nicht eigens thematisiert, sie erstreckt sich ja auch in Fragestellungen hinein, die mit der Diskussion um den Laien nicht unmittelbar verbunden sind. Die feministische Theologie stellt inzwischen ein Gesamtverständnis von Theologie und Glaube dar, das sich keineswegs mehr in der Kritik an der Stellung der Frau in der Kirche erschöpft. Vor allem übersteigt die Forderung der Frauenordination per definitionem die Thematik Laie. Und letztlich könnte man ebenfalls mit gutem Recht fordern, nicht nur über die Frauen, sondern auch über die Stellung der Jugend oder der Arbeiterschaft oder der Strafgefangenen oder der Behinderten in der Kirche zu sprechen. Zweifellos würden überall Aspekte auftauchen, die für die Thematik des Buches von hohem Interesse sind. Hier aber soll über Laien insgesamt nachgedacht werden. Damit ist positiv festgestellt: Alles, was hier über den Laien in der Kirche gesagt wird, gilt in gleicher und identischer Weise für Frauen und Männer[4]. Beide haben grundsätzlich gleiche Rechte und Aufgaben, beide sind in ihrer Würde als Glieder des Volkes Gottes einander gleich. Unterschiedlich ist höchstens das Maß, in dem ihnen diese Würde vorenthalten wurde.

Eine Bemerkung noch über die Sprachgestalt. Ich kann mich nicht entschließen, jeweils und immer vom Laien/der Laiin zu sprechen, ganz abgesehen von noch komplizierteren und schlechteren Ausdrücken. Ich rede also einfachhin vom Laien und schicke hiermit voraus, daß damit immer alle ohne jeden Unterschied gemeint sind: Frauen und Männer, Junge und Alte, Europäer und Nichteuropäer, Akademiker und Nicht-Akademiker. Frauen sind nicht nur *mit*gemeint, sondern ebenso ursprünglich gemeint wie die Männer. Dies festzuhalten ist vor allem deshalb von Bedeutung, weil in vielen Zitaten, die hier vorgetragen werden, ein vom Mann bestimmtes Weltbild ganz unbesehen und selbstverständlich vorausgesetzt ist. Das zeigt, daß auch dort, wo man um die Rechte des Laien in der Kirche kämpfte, in aller Regel niemand an Rechte für die Frauen gedacht hat. Ihnen waren sie in noch erheblicherem Maße vorenthalten als jenen, die um sie kämpften. Wenn wir derartige Aussagen als Zeugnis für die Stellung des Laien aufgreifen, gilt es jedenfalls heute mitzubedenken, daß Frauen an keinem Punkt dieser Diskussion ausgeschlossen werden oder unbeachtet bleiben dürfen.

Letztlich handelt das Buch allein über den Laien und seine Stellung im Rahmen der *katholischen* Kirche; die anderen christlichen Kirchen und ihre speziellen Traditionen sind hier nicht mit im Blick. Zwar findet manche Unterordnung von Laien im Katholizismus auch in anderen Kirchen ihre Entsprechung. Auch die nicht römisch-katholischen Kirchen kennen das Problem. So hat sich die Gründungsversammlung des Ökumenischen

Rats der Kirchen 1948 in Amsterdam, an der die orthodoxen Kirchen noch nicht teilnahmen, ausführlich der Laienfrage gewidmet. Es wurden europäische Laienkongresse der evangelischen Kirchen durchgeführt. Und das repräsentative evangelische Lexikon »Religion in Geschichte und Gegenwart« spricht gar davon, daß die Laienfrage eine »Bewegung der Gesamtchristenheit«[5] sei. Trotz dieser Gemeinsamkeiten und trotz mancher Berührungspunkte soll hier auf die spezielle Situation der nicht-katholischen Kirchen und deren Behandlung der Laienfrage nicht eigens eingegangen werden. Differenzen in der Ekklesiologie und verschiedene Schwerpunktsetzungen im Amtsverständnis würden manche theoretischen Unterschiede zeigen, die hier nicht thematisiert werden. Es soll hier also keine fachökumenische Untersuchung vorgelegt werden, sondern das Thema Laie wird allein im Rahmen der katholischen Kirche abgehandelt.

Die Arbeit ist von dem durchgängigen Interesse geleitet zu ergründen, was der Laie ist. Dieser Bemühung dient ein erster Teil in historischer Sicht: er soll aufzeigen, wie der Begriff »Laie« und der damit bezeichnete Stand in der Kirche entstanden sind, wie sie sich aus neutestamentlichen Wurzeln entfaltet haben, im Laufe der Geschichte aber auch fremde und mitunter bedenkliche Einflüsse in sich haben aufnehmen müssen. In einem zweiten Teil sollen verschiedene systematische Entwürfe zur Thematik des Laien vorgestellt werden, die dann in die Lage versetzen, eigene Vorschläge für das Verständnis des Laien und seinen Ort in der Kirche zu umreißen.

Erster Teil

EIN HISTORISCHER ÜBERBLICK

A

PRIESTER UND LAIEN — EINE BIBLISCHE ÜBERLEGUNG

In unserem heutigen biblischen und theologischen Sprechen wissen wir oder meinen wir zu wissen, was mit *Laie* gemeint, wer mit diesem Begriff angesprochen ist. Wenn wir das Wort in seiner Bedeutungsvielfalt quer durch die Geschichte der christlichen Kirche verfolgen, wird dieses Wissen allerdings eher erschüttert als gefestigt. Es stellt sich heraus, daß der Begriff *Laie* eine sehr verwirrende Bedeutungsgeschichte durchlaufen hat. Der etymologische Befund scheint dabei zunächst eindeutig zu sein. Laie kommt von dem griechischen Wort *laikós*, zu deutsch: zum Volke gehörig, und dieser Begriff leitet sich letztlich ab von *laós*: das Volk. Im Neuen Testament finden wir eine zu unserer derzeitigen Verwendung des Begriffs völlig querliegende Terminologie, so daß sogar rundweg bestritten wurde, das Wort Laie lasse sich neutestamentlich von *laós*, Volk, herleiten[1].

Wo man sich in der Interpretation des Begriffs Laie doch auf das biblische *laós* gestützt hat, sah man darin nicht die traditionelle Bezeichnung eines eigenen, dem Klerus untergeordneten Standes. »Man ist Laie, wenn man zum Volk Gottes gehört, wenn man an Christus glaubt und von ihm berufen ist. Insofern sind alle, selbstverständlich auch die Amtsträger, ›Laien‹, ebenso wie alle, die in das Volk Gottes berufen sind, Kleros, also ›Kleriker‹ sind. Laie und Kleriker sind hier nicht Gegensätze, es sind Ehrenbezeichnungen, die allen Christen zukommen«[2]. Die offensichtliche Diskrepanz zwischen dem neutestamentlichen Begriff *laós* und dem Verständnis des Laien in unserem heutigen kirchlichen Denken und Sprechen macht es unumgänglich, in einer biblischen Besinnung dem Gebrauch und der Bedeutung des Begriffs *laós* nachzugehen und zunächst einmal die Differenz zum heutigen Verständnis zu umreißen[3].

I. Die Kirche als Volk Gottes

Im außerbiblischen Griechisch wird der Begriff *laós* einfachhin zur Bezeichnung einer Vielheit von Menschen verwendet, wobei für diese Menschenmenge keineswegs eine innere Einheit, z. B. eine gemeinsame Abstammung gefordert ist[4]. *Laós* ist einfachhin eine Volksmenge, die Leute, gegebenenfalls die Landbevölkerung. Verschiedentlich bezeichnet das Wort die Versammlung einer Menschenmenge, wobei sie in Abhebung von den Regierenden, den Führern des Volkes so genannt ist. Hier ist der Zusammenhang in einem Volksverband also vorausgesetzt. *Laós* bewegt sich dabei im profanen Bereich, hat also keine spezifisch religiöse Bedeutung, selbst wenn die Volksgemeinschaft nie völlig ohne religiösen Bezug zu denken ist. Ins biblische Denken gelangte der Begriff durch die Septuaginta, die wichtigste Übersetzung des Alten Testaments ins Griechische. Im Gegensatz zum außerbiblischen Griechisch ist in der Septuaginta *laós* nun aber die Bezeichnung nicht irgendeines Volkes, sondern eines ganz bestimmten Volkes, nämlich des Volkes Israel. Dieses allein ist der *laós*, es ist das Volk schlechthin, das Volk Gottes. Darum erscheint *laós* fast nur im Singular: es gibt nur *ein* Volk. Wenn nicht von Israel, sondern von anderen Völkern die Rede ist, verwendet die Septuaginta nicht *laós*, sondern *éthnos*, zumeist im Plural: *ethnē*. Dies wird im Deutschen oft wiedergegeben mit „die Nationen". In der Septuaginta ist *laós* also in aller Regel nicht mehr die Volksmenge, die Bevölkerung, die einfachen Leute, sondern hier ist gemeint eine ganz spezifische Völkerschaft, ein völkischer Verband, der nicht aus eigener Kraft, sondern durch Gott zu einem Volk gemacht wurde. Israel ist *das* Volk, und es ist dies durch die Stiftung Jahwes. Kennzeichen dieses Volkes sind die gemeinsame Abstammung von Abraham, die Beschneidung, der gemeinsame Kult und die Beachtung der Bundessatzung, die Jahwe erlassen hat, vor allem die Vorschriften zur Sabbatruhe und die Reinheits- sowie die Speisegesetze. *Laós* ist damit zu einem eminent religiösen Begriff geworden. Israel allein ist das Volk, das Volk Gottes schlechthin.

Neben dieser Bedeutung, die weitaus vorherrscht, gibt es in der Septuaginta auch einige Stellen, wo — ebenso wie im außerbiblischen Griechisch — der Begriff *laós* die Masse der Leute im Gegensatz zu deren Führern bedeutet. Das Buch Exodus unterscheidet: »Die Priester aber und das Volk . . .« (Ex 19,24). Und bei Jeremias heißt es: »Die Priester und Propheten sowie alles Volk hörten, wie Jeremias diese Worte des Herrn vortrug« (Jer 26,7). Hier steht also der Begriff Volk zur Kennzeichnung der einfachen Leute im Gegensatz zu den Priestern bzw. den Priestern und Propheten. Dieser Sprachgebrauch, der im Alten Testament nur an verschwindend wenigen Stellen auftaucht, sollte sich in späterer Zeit durchsetzen.

Im Neuen Testament kommt der Begriff *laós* verhältnismäßig häufig vor und zwar vor allem im Lukasevangelium und im Hebräerbrief. Dabei hat dieser Begriff recht verschiedenartige Bedeutungen. Rein zahlenmäßig überwiegt bei weitem jene, die im außerbiblischen Griechisch vorherrscht: die Volksmenge, die Bevölkerung, die Leute. Hier ist also schlichtweg eine beliebige Menschenmenge gemeint, so etwa im Passionsbericht des Lukas: »Die Leute standen dabei und schauten zu; die führenden Männer verlachten ihn . . . « (Lk 23,35). Hier ist nicht das Volk Israel gemeint, sondern eben die Leute, der zusammengelaufene Haufen (vgl. auch Mt 27,25).

Eine zweite Verwendung im Neuen Testament entspricht dem Sprachgebrauch der Septuaginta: er bezeichnet Israel als das Gottesvolk im Gegensatz zu den *ethnē*, den (Heiden-)völkern. Hier ist mit *laós* also Israel im Gegensatz zu den Nationen angesprochen.

Neben diesen Begriffsinhalten, die das Neue Testament aus der traditionellen Verwendung übernommen hat, finden wir nun aber eine ganz neue Bedeutung, die zwar nicht sehr häufig begegnet, aber als betonte Neuschöpfung von besonderem Interesse ist: *laós* bezeichnet hier die christliche Gemeinde. Die überkommene Entgegensetzung von *laós* und *ethnē* wird dabei völlig überwunden: es wird gesagt, daß nun die christliche Gemeinde das Volk ist, und daß es aus den *ethnē*, den Heiden erwächst. Das Volk ist nun nicht mehr konstituiert durch Abstammung, Beschneidung und die Einhaltung von kultischen Bundesvorschriften, sondern durch den Glauben an Jesus den Christus. Gott selbst hat »aus den Heiden *(ethnē)* ein Volk *(laós)* für seinen Namen« gemacht (Apg 15,14). Dieses ist das wahre Israel, der wahre Same Abrahams, der wahre Tempel, der wahre *laós*. Entscheidend für die Zugehörigkeit zum Volk Gottes ist jetzt allein der Glaube an das Evangelium. Wer Jesus, den Propheten nicht hört, »wird aus dem Volk ausgemerzt werden« (Apg 3,23). Wer aber auf die

Botschaft hört, gehört zum Volk: »Viel Volk nämlich gehört mir in dieser Stadt« (Apg 18,10).

Bei Paulus begegnet die Übertragung des Begriffs *laós* auf die christliche Gemeinde ausschließlich in Zitaten aus dem Alten Testament, die er allerdings oft recht frei verwendet. Röm 9,25 f. zitiert Hosea 2,1.25. Während sich aber bei Hosea sowohl das »Mein-Volk« als auch das »Nicht-mein-Volk« ausschließlich auf Israel beziehen, deutet Paulus diesen Gedankengang um auf die Berufung der Heiden in das Volk: »Ich werde als mein Volk berufen, was nicht mein Volk war, und als Geliebte jene, die nicht geliebt war. Und dort, wo ihnen gesagt wurde: ihr seid Nicht-mein-Volk, dort werden sie Söhne des lebendigen Gottes genannt werden«. Die gläubig gewordenen Heiden sind nach Paulus nun »mein Volk«. »Ich werde ihr Gott sein und sie werden mein Volk sein« (2 Kor 6,16; ähnlich Tit 2,14).

Auch an mehreren Stellen im Hebräerbrief wird der Begriff Volk auf die christliche Gemeinde übertragen. Von besonderer Bedeutung ist dabei Hebr 8,10, wo die Jeremias-Prophezeiung eines neuen Bundes in der christlichen Gemeinde als erfüllt betrachtet wird: »Ich werde ihr Gott sein, und sie werden mein Volk sein«. Sie werden dies sein, weil Gott mit diesem Volk einen neuen Bund geschlossen hat. Der neue Bund der Jeremiasweissagung, den Jahwe mit dem Haus Juda und dem Haus Israel schließen wird (Jer 31,31), begründet in dieser Deutung die christliche Gemeinde. Mit ihr wurde der neue Bund geschlossen.

Mit diesem Gedankengang verbindet der Hebräerbrief die Verwerfung des alten Bundes: »Indem er von einem neuen Bund spricht, hat er den ersten für veraltet erklärt. Was aber veraltet und überlebt ist, das ist dem Untergang nahe« (Hebr 8,13). Dieses Wort vom neuen

Bund begründet nach neutestamentlichem Sprachgebrauch jedoch nicht gleichzeitig auch ein neues Volk. Die Rede vom *Neuen Volk*, vom *Neuen Volk Gottes*, wie sie sich vor allem in der Folge des II. Vatikanums weit verbreitet hat, ist vom neutestamentlichen Sprechen her so nicht gedeckt. Der Hebräerbrief kennt einen Neuen Bund, und erklärt den Alten Bund für veraltet und überlebt. Aber der Neue Bund wird innerhalb des Ganzen des Volkes Gottes geschlossen. Es gibt demnach nur *ein* Volk, bestehend in den beiden Bundesschlüssen, dem Alten und dem Neuen Bund. Dieses sein Volk wird Gott zur Sabbatruhe führen (Hebr 4,9), er wird es richten (Hebr 10,30). Er hat es mit seinem eigenen Blut geheiligt (Hebr 13,12).

Im ersten Petrusbrief wird die christliche Gemeinde als »ein Volk, das sein besonderes Eigentum wurde«, bezeichnet (1 Petr 2,9). Als dieses Volk ist die christliche Gemeinde königliche Priesterschaft. Beide Begriffe: *Königliche Priesterschaft* und *Volk* beziehen sich dabei auf die ganze Gemeinde, auf alle ihre Gläubigen. Sie sind »ein auserwähltes Geschlecht«, ein »heiliger Stamm« (a.a.O.). Die Differenzierung in Priesterschaft einerseits und Volk andererseits ist an dieser Stelle betont ausgeschlossen. Das Volk ist die Priesterschaft, die Priesterschaft bildet das Volk. Die beiden Stellen der Apokalypse, die speziell die christliche Gemeinde als Volk bzw. als Volk Gottes ansprechen (Apk 18,4; 21,3), bringen gegenüber den schon zitierten Stellen inhaltlich nichts Neues.

Wenn wir den neutestamentlichen Befund überblikken, so ist festzuhalten: in über 90 Prozent der Stellen, die vom *laós* sprechen, sind gemeint die einfachen Leute, die Menschenmenge oder, in Fortführung der Tradition der Septuaginta, das Volk Israel. In wenigen Fällen erfolgt eine Übertragung des Begriffs Volk auf die christliche Gemeinde, aber diese Stellen sollten für die folgende Zeit und das Selbstverständnis der christlichen Kirche entscheidend werden. Aber gerade in ihnen ist nirgendwo eine Unterscheidung zwischen den Führern, dem König und den Priestern einerseits und dem einfachen Volk andererseits im Blick. Wo Volk Gottes die christliche Gemeinde bezeichnet, ist immer diese als ganze angesprochen, nie sind die einfachen Leute im Unterschied zu den Priestern und den Führern, den Gebildeten gemeint. Es ist immer vom ganzen Volk die Rede. Eine Unterscheidung oder gar eine Trennung von Herrschenden und Beherrschten, Führern und Geführten, Gebildeten und Analphabeten, Priestern und Volk, also von denen, die das Sagen haben, und den Laien läßt sich vom neutestamentlichen Begriff *laós* her nicht begründen und legitimieren.

Wo *laós* die Christen meint, dort sind sie immer alle und in ihrer Gesamtheit angesprochen, niemals nur die »Laien« im Gegensatz zu den Priestern und Herrschern. *Laós*, in der Eindeutschung »Laie«, ist der höchste Ehrentitel, der einem Christen überhaupt gegeben werden kann. Alle, die zum *laós* gehören, sind Laien, selbstverständlich auch die Priester, die Bischöfe, die Diakone, der Klerus, die Regierenden. Von hier aus verbietet es sich, mit dem Begriff »Laien« einen Stand innerhalb der Kirche in Abgrenzung von anderen Ständen zu bezeichnen. Vielmehr gilt nach dem Neuen Testament, »daß der Kirche eine zutiefst laikale Struktur eignet«[5]. Die Differenz, die sich mit dem Wort *laós* verbindet, ist diejenige zwischen den Glaubenden und den Nicht-Glaubenden, nicht eine Unterscheidung von Ständen innerhalb der Kirche. Von der neutestamentlichen Bedeutung des Wortes *laós* her findet unsere Verwendung des Begriffs Laie damit keine Begründung.

Nun leitet sich unser heutiger Begriff »Laie« aber nicht unmittelbar vom griechischen *laós* ab, sondern vom Adjektiv *laikós*: zum Volk gehörig. Dieses Wort drückt im außerbiblischen Griechisch eine Wirklichkeit aus, die sich auf die Volksmenge im Gegensatz zu den Regierenden bzw. auf die Landbevölkerung im Gegensatz zur führenden Schicht in der Stadt bezieht. Zunächst jedoch wird der Begriff allein auf Dinge, nicht auf Personen angewandt. Er bezeichnet Gegenstände, die nicht Gott geweiht waren, und die darum keine Beziehung zum Gottesdienst und zum Kult hatten. Diese nichtkultischen, profanen Gegenstände werden dann auch im griechisch sprechenden Judentum verschiedentlich als *laikós* bezeichnet. Diesen Sprachgebrauch finden wir zwar nicht in der Septuaginta, wohl aber in verschiedenen anderen Übersetzungen des Alten Testaments ins Griechische. Dort heißt es beispielsweise: »Gewöhnliches (laikós) Brot habe ich nicht zur Hand, nur heiliges« (1 Sam 21,5). Beim Propheten Ezechiel wird den Priestern der Vorwurf gemacht, «zwischen dem was heilig und unheilig ist, unterschieden sie nicht« (Ez 22,26). Im gleichen Buch wird das Land, das den Priestern und Leviten zugewiesen wird, unterschieden vom nicht-heiligen (laikós) Gebiet, das als Wohn- und Weideplatz dienen und in dem die Stadt errichtet werden soll. *Laikós* bezieht sich zunächst also immer auf Sachen, auf Dinge. Die Übertragung auf Personen findet sich im griechischen Alten Testament erst ansatzweise: bei Jes 24,2 und Hos 4,9 wird jeweils unterschieden zwischen dem Volk und den Priestern, und das Volk wird dabei als *laikós* bezeichnet (Ez 48,15). Dies dürfte der Ansatz sein, der in der Folgezeit zu unserer heutigen Verwendung des Begriffs geführt hat.

Doch so geradlinig ging die Entwicklung nicht weiter. Zunächst ist festzustellen, daß im Neuen Testament der Begriff *laikós* überhaupt nicht auftaucht. Die Unterscheidung von heilig und profan, welche die Religionen und verschiedentlich das Judentum bestimmte, wird im Neuen Testament zurückgewiesen: sie ist überwunden. Die Wirklichkeit als ganze ist auf Gott hingeordnet, die Schöpfung ist insgesamt geheiligt, und es gibt darum keine profane Wirklichkeit mehr. Es gibt nichts, was in diesem Sinne *laikós* wäre. Die im Judentum übliche Unterscheidung innerhalb des *laós* zwischen einem heiligen und einem laikalen, profanen Bereich wird in das Neue Testament nicht übernommen, sie wird hier explizit zurückgewiesen. Durch Jesus ist alles geheiligt, nichts mehr ist *laikós*, vom Gottesdienst ausgeschlossen. Die Unterscheidung innerhalb des Volkes Gottes, die im Judentum durch den Begriff *laikós* ausgedrückt wurde, hat im Neuen Testament also keinen Platz.

Es gilt also festzuhalten, daß im neutestamentlichen Sinn der Begriff *laós* die christliche Gemeinde als ganze im Unterschied zum Nicht-Volk, zur Nicht-Kirche, zu den Nicht-Glaubenden besagt. Eine innerkirchliche Differenzierung in Stände oder auch nur in Funktionen ist damit nirgendwo verbunden. Das Adjektiv *laikós*, das eine derartige Differenz innerhalb des *laós* zum Ausdruck bringen würde, ist im Neuen Testament vermutlich »wegen des negativen Sinnes bewußt gemieden worden. Der Unterschied zwischen der Basis und den Führenden wird niemals mit Hilfe einer Negativ-Bezeichnung, wie etwa *laikós*, ›Laie‹ ausgedrückt. Er kommt vielmehr so zur Sprache, daß immer positive, die Wertgehalte christlicher Existenz bezeichnende Worte gewählt werden, wie ›Glaubende‹, ›Getaufte‹, ›Geheiligte‹, ›Christen‹, ›Brüder und Schwestern‹. *Nicht* die Basis erhält eine eigene, sie von den Dienstämtern ausgrenzende Bezeichnung, sondern umgekehrt: Nur die Träger der Dienstämter werden eigens bezeichnet«. Die Tatsache, daß diejenigen, die in der christlichen Gemeinde zur Zeit des Neuen Testaments kein besonderes Amt ausübten, nie mit einem zusammenfassenden und sie negativ bestimmenden Begriff bezeichnet werden, führt in der neutestamentlichen Wissenschaft zu dem Vorschlag, »daß es wohl günstiger wäre, auf den Hilfsbegriff ›Laie‹ zu verzichten und sich stärker an den neutestamentlichen Gemeindeordnungen zu orientieren. Sie kamen ohne den Hilfsbegriff ›Laie‹ aus, nahmen die Basis ernst und benannten nur die Dienstämter eigens«[6].

II. Besondere Aufgaben, Gnadengaben und Ämter in den Gemeinden

Mit dieser Feststellung einer »laikalen« Grundstruktur der neutestamentlichen Gemeinden ist nun aber nicht gesagt, daß es zufolge des Neuen Testaments in den ersten Gemeinden, die auch für unser Verständnis von Kirche normativ sind, keine Differenzierungen, keine Unterschiede gegeben hätte, daß alle einfachhin gleich gewesen wären. Das Neue Testament führt ein ganz anderes Bild der Kirche vor Augen. Hier erscheint die christliche Gemeinde als eine Wirklichkeit, die durch reiche und sehr verschiedene Gnadengaben ausgezeichnet ist und durch sie aufgebaut wird. Paulus erkennt in ihnen Erscheinungsformen des Geistes und nennt sie darum *Charismen*[7]. Grob gesprochen lassen sich diese

Charismen in vier Gruppen unterteilen: Es gibt kerygmatische Charismen, wie Verkündigungsdienste, die von Aposteln, Propheten und Lehrern ausgeübt werden. Es gibt ekstatische Charismen wie das Wundertun und das Zungenreden. Daneben finden wir organisatorische Charismen, etwa die Ordnungs- und Leitungsdienste und die Fähigkeit des Vorstehens. Und schließlich finden wir karitative Charismen: Hilfe-Leisten, Geben, Sich-Erbarmen. Diese Aufzählung ist nicht erschöpfend, so als dürfte es keine anderen Charismen mehr geben, und sie ist auch nicht normativ zu verstehen, so als müßten diese und genau diese Charismen in jeder christlichen Gemeinde verwirklicht sein. Charismen können sich verbinden und eine Person kann Träger mehrerer Charismen sein, wie ja gerade Paulus gleichsam als Träger aller genannten Charismen erscheint.

Das entscheidende Kriterium dafür, daß besondere Befähigungen und Eigenheiten, wie sie in den christlichen Gemeinden auftraten, als Charismen und damit als Gaben des Geistes und nicht als Ausfluß anderer, widergöttlicher Geister anerkannt werden, ist ihr Beitrag zum *Aufbau der Gemeinde*. Jedes Charisma verpflichtet zum aktiven Einsatz für die christliche Gemeinde. Die Charismen sind nicht für eine persönliche Erhebung oder Befriedigung da, sondern für den Aufbau des Ganzen. Paulus liegt daran, die außerordentlichen, ekstatischen Charismen, die sich besonders in Korinth feststellen lassen, eher etwas zurückzudrängen und dafür die nüchternen, organisatorischen und karitativen Dienste, die der Verkündigung dienen, zu betonen. Ein Charisma ist also nicht eine persönliche Auszeichnung, sondern eine Verpflichtung für das Ganze. »Das Charisma scheidet nicht innerhalb der Gemeinde zwischen solchen, die es haben, und solchen, die es nicht haben, sondern es unterscheidet die Gemeinde von der Welt. Es sorgt dafür, daß sie in der Welt Aufsehen erregt und als Zeichen wirkt«[8].

Es gibt also innerhalb der christlichen Gemeinde durchaus Unterschiede. Weil alle zum Volk Gottes gehören, sind zwar alle gleichwertig, deshalb aber keineswegs alle gleich. Diese Gleichwertigkeit innerhalb der Verschiedenheit bringt Paulus zur Sprache mittels seiner Konzeption von der Kirche als Leib Christi. Innerhalb dieses Leibes haben die verschiedenen Glieder durchaus unterschiedliche Funktionen, aber dennoch kann sich keines der Glieder über die anderen erheben und sich als höher-wertig und höher-würdig erachten. »Der Leib besteht nicht nur aus einem Glied, sondern aus vielen Gliedern. Wenn der Fuß sagt: Ich bin keine Hand, ich gehöre nicht zum Leib!, so gehört er doch zum Leib. Und wenn das Ohr sagt: Ich bin kein Auge, ich gehöre nicht zum Leib!, so gehört es doch zum Leib. Wenn der ganze Leib nur Auge wäre, wo bliebe dann das Gehör? Wenn er nur Gehör wäre, wo bliebe dann der Geruchssinn? Nun aber hat Gott jedes einzelne Glied so in den Leib eingefügt, wie es seiner Absicht entsprach. Wären alle zusammen nur ein Glied, wo bliebe dann der Leib? So aber gibt es viele Glieder und doch nur einen Leib. Das Auge kann nicht zur Hand sagen: Ich bin nicht auf dich angewiesen. Der Kopf kann nicht zu den Füßen sagen: Ich brauche euch nicht. Im Gegenteil, gerade die schwächer scheinenden Glieder des Leibes sind unentbehrlich. Denen, die wir für weniger edel ansehen, erweisen wir um so mehr Ehre, und unseren weniger anständigen Gliedern begegnen wir mit mehr Anstand, während die anständigen das nicht nötig haben. Gott aber hat den Leib so zusammengefügt, daß er dem geringsten Glied mehr Ehre zukommen ließ, damit im

Leib kein Zwiespalt entstehe, sondern alle Glieder einträchtig füreinander sorgen« (1 Kor 12,14–25).

Eine innere Strukturierung der neutestamentlichen Gemeinde finden wir auch in den Ansätzen zu einer Ausdifferenzierung von Ämtern[9]. In der Gemeinde von Jerusalem, die uns vor allem durch die Apostelgeschichte zugänglich ist, finden wir neben den *Aposteln*, deren Autorität unbefragt gilt, die *Diakone*, die sicher nicht nur karitative Aufgaben hatten, sondern, wie vor allem das Beispiel Stephanus zeigt, auch Verkündigungsaufgaben wahrnahmen. Neben den Aposteln stehen die *Ältesten*, die *presbýteroi*. Diese Einrichtung der jüdischen Synagogenordnung wurde auch für die christliche Gemeinde von Bedeutung.

In den heidenchristlichen, vor allem den paulinischen Gemeinden wird von Vorstehern und Leitern (1 Thess 5,12 f.), von Episkopen und Diakonen (Phil 1,1 f.) gesprochen. Und selbst in Korinth, einer oft als rein charismatisch und ämterfrei angesehenen Gemeinde, kann sich das freie Spiel der Geistbegabungen nur vollziehen, weil Paulus als der Apostel eine uneingeschränkte Autorität beanspruchen kann und sie auch wahrnimmt. Auch Korinth war nicht einfachhin autoritätsfrei und ohne jede Vollmacht, selbst wenn dort die Idee der Gleichheit aller Glieder der Gemeinde in fast egalitärer Weise zum Ausdruck kommt.

In einigen späteren Schriften des Neuen Testaments finden wir ein deutliches Gefälle hin auf amtliche Strukturen: im Epheserbrief, vor allem aber in den *Pastoralbriefen*, die an Timotheus und Titus gerichtet waren. Hier hat das Amt nun bereits recht feste Gestalt angenommen: Wir finden den Episkopos, der zumeist in der Einzahl erscheint, die Presbyteroi und die Diakonoi.

Offensichtlich wirkte bereits ein Episkopos mit mehreren Presbytern und Diakonen zusammen. Die Einführung ins Amt geschah durch Handauflegung und Gebet, ein Ritus, der aus der jüdischen Synagogalordnung übernommen wurde, der aber insgesamt in der Religionsgeschichte ein Zeichen der Übertragung einer Vollmacht darstellt. Im Blick ist hier noch nicht die Kette der Handauflegungen, oder gar eine ununterbrochene Weitergabe einer Amtsvollmacht, sondern allein die Beauftragung zur Verkündigung, zur Bewahrung der rechten Lehre. Die »Ordination« erfolgte um dieser Treue in der Verkündigung willen.

Es begegnen uns also in den neutestamentlichen Gemeinden sehr wohl Differenzierungen, und wir finden eine Entwicklungstendenz, die auf Amtlichkeit, auf Ordination und institutionelle Vollmacht hinzielt. Sicher ist dies nicht die einzige Entwicklungslinie, z. B. begegnet dieser Gedanke im ebenfalls späten johanneischen Schrifttum nicht. Dennoch sind schon in den neutestamentlichen Gemeinden Strukturen festzustellen. Diese gründen in der Verschiedenartigkeit der Charismen und der durch sie begründeten Aufgaben. Es läßt sich aber auch zeigen, daß bestimmte Funktionen, vor allem Leitungsfunktionen, nicht nur in charismatischer Spontaneität, sondern von bestimmten Personen aufgrund einer Beauftragung auf Dauer ausgeübt wurden und damit also bereits amtlich waren. Doch diese Differenzierung innerhalb der Gemeinden bedeutet im Neuen Testament nirgendwo eine Unterscheidung zweier Stände. Es gibt keinen Sammelbegriff für die Nicht-Amtsträger. Der Begriff *laós*, der später dazu gemacht wurde, umfaßt das Volk Gottes als ganzes, selbstverständlich auch die Amtsträger und Charismatiker, die Apostel, Episkopen, Presbyter und Diakone.

Auch für die Amtsträger gibt es noch keinen Sammelbegriff, die Bezeichnungen sind fließend. So bezieht sich der Begriff »Klerus« im neutestamentlichen Verständnis nicht auf einen besonderen Stand, sondern auf das Volk Gottes als ganzes. Das griechische *klēros* bedeutet das Los, das einem zufällt, den Anteil, der durch dieses Los zugeteilt wird. In 1 Petr 5,3 ist *klēros* einfachhin die christliche Gemeinde. Nirgendwo werden die Amtsträger unter dem Begriff »Klerus« zusammengefaßt.

Ähnlich ist es mit dem Wort »Priester«, das trotz seiner sprachlichen Verwandtschaft zu *presbýteros* (= Ältester) als Übersetzung des griechischen Begriffs *hiereús* diente. Das Wort *hiereús* = Priester ist im Neuen Testament aber in den meisten Fällen negativ besetzt. Es wird mit dem jüdischen (Hohen-)Priester in Verbindung gebracht. Eine positive Verwendung findet das Wort im Hebräerbrief, aber hier wird es ausschließlich auf Christus angewandt und eine Weiterführung wird ausgeschlossen (Hebr 4,14 ff.). Ein dritter Bedeutungsgehalt findet sich in der schon zitierten Stelle 1 Petr 2,9, wo die christliche Gemeinde als ganze, also das Volk Gottes als »eine königliche Priesterschaft« bezeichnet wird. Auch in der Apokalypse werden die Christen insgesamt »Könige und Priester« genannt (Apk 1,6; 5,10; vgl. 20,6). Jedenfalls werden nirgendwo die Amtsträger im Unterschied zu den einfachen Gläubigen als »Priester« tituliert.

Auch der Begriff »Geistlicher« bezeichnet nach neutestamentlichem Verständnis nicht eine Gruppe im Volk Gottes, sondern jene, die aus Christus leben, weil sie seinen Geist empfangen haben. »Wir haben nicht den Geist der Welt empfangen, sondern den Geist, der aus Gott stammt, damit wir das erkennen, was uns von Gott geschenkt worden ist. Davon reden wir auch, nicht mit

Worten, wie menschliche Weisheit sie lehrt, sondern wie der Geist sie lehrt, indem wir den Geisterfüllten (= *pneumatikós)* das Wirken des Geistes deuten« (1 Kor 2,12 f.). Der »Pneumatiker«, der »Geistliche« läßt sich auf das ein, was vom Geist Gottes kommt, er hat den Geist empfangen und lebt aus dem Geist Christi. Der Geistliche ist damit der Christ schlechthin, nicht der Amtsträger oder der Priester.

Alle Begriffe, die in unserem heutigen Sprachgebrauch Differenzierungen innerhalb der Kirche aussagen und einen Stand im Gegensatz zu einem oder zu mehreren anderen Ständen bezeichnen, sind also in Neuen Testament jeweils Umschreibungen der Kirche als ganzer und aller ihrer Glieder. Sowohl »Laie« als auch »Klerus«, «Priester« und »Geistlicher« beziehen sich immer auf das ganze Volk Gottes und nie auf eine Gruppe in ihm. Das Neue Testament ist in seinen verschiedenen Schriften offensichtlich ängstlich bemüht, alle derartigen Standesunterschiede, wie sie aus den orientalischen Religionen selbstverständlich bekannt waren, zu überwinden, es hat alle innerlich differenzierenden Begriffe peinlich vermieden. Die einzig bedeutsame Differenz besteht zwischen dem Volk Gottes und dem Nicht-Volk, zwischen den Glaubenden und den Nicht-Glaubenden, den Christen und den Nicht-Christen. Dies war die Trennungslinie, die zwischen geisterfüllten Menschen und den irdisch Gesinnten schied.

Im Volk Gottes dagegen sind alle Brüder, die Glaubenden stehen zueinander als Geschwister. J. Ratzinger hat darauf aufmerksam gemacht, daß diese Geschwisterlichkeit nur innerhalb der christlichen Gemeinde möglich ist. »Jeder Mensch *kann* Christ werden, aber nur wer es wirklich *wird*, ist Bruder«[10]. Diese Bruderliebe, die *philadelphía*, schafft ein Höchstmaß an Gemeinschaft.

»Im Innern der Brüderschaft selbst hat dies ein weitgehendes Niederreißen aller trennenden Schranken zur Folge« (S. 53 f.). Über alle Standesunterschiede hinweg gilt: »Die Einswerdung mit Christus schließt die Einswerdung der Christen untereinander ein und bedeutet so eine Aufhebung der trennenden natürlichen und geschichtlichen Grenzen« (S. 78).

B

DAS BILD DES LAIEN IN DER FRÜHEN KIRCHE

In der frühen Kirche konnte sich diese Idee der Geschwisterlichkeit auf Dauer nicht durchhalten. Nach J. Ratzinger geht vom 3. Jahrhundert an »das Wort ›Bruder‹ als Benennung der Christen untereinander immer mehr zurück. Es ist sehr lehrreich für das Verständnis der inneren Entwicklung, welche die Kirche nahm, den doppelten Ausgang des Wortes zu sehen. Der erste davon zeigt sich, wenn wir feststellen, daß Cyprian in der Einzelanrede das Wort ›Bruder‹ nie mehr auf den Christen überhaupt, sondern nur noch auf die Bischöfe und Kleriker bezieht. Das ist nicht mehr die alte Bruderschaft der Gläubigen, was sich hier zeigt ... Der andere Ausgang des Bruderbegriffs führt zu einer asketischen Zuspitzung: Es sind die klösterlichen Gemeinschaften, in denen nun der Bruder- und Schwesterbegriff fortlebt« (S. 58 f.).

I. Die Entwicklung der Stände in der Alten Kirche

a) Früheste Belege für das Wort »Laie«

Die im Judentum zur Zeit Jesu übliche Verwendung des Begriffs *laikós* war die Brücke, über die das Wort »Laie« in der Folgezeit auch in die christliche Terminologie und Denkweise Eingang gefunden hat. Ein erster Beleg dafür findet sich schon sehr früh, nämlich im sogenannten

Ersten Klemensbrief, der um das Jahr 96 entstanden ist. In einer Darlegung der jüdischen Gemeindeordnung werden die Aufgaben der verschiedenen Stände in der Synagoge unterschieden: »Es sind dem Hohenpriester eigene Verrichtungen übertragen, den Priestern ist ihr eigener Platz verordnet und auch den Leviten obliegen eigene Dienstleistungen; der Laie ist an die Anordnungen für Laien gebunden«[11]. Hier ist der Begriff *laikós* von Sachen auf Personen übertragen: man spricht vom *laikós ánthropos*, vom Laienmenschen. Die Unterscheidung von Priestern und Leviten, die für das Heilige zuständig sind, und Laienmenschen steht hier noch im Rahmen der Beschreibung der jüdischen, der alttestamentlichen Synagoge. Aber es ist der erste christliche Text, der den Begriff Laie zur Bezeichnung von Menschen verwendet, die nicht auf das Heilige, den Gottesdienst bezogen sind. Damit war ein Prozeß eröffnet, der seine eigene Dynamik entfalten sollte.

Rund hundert Jahre später, bei Clemens v. Alexandrien († vor 216), ist die Übertragung des Begriffs Laie aus dem jüdischen in den christlichen Bereich vollzogen. Er spricht nicht mehr von «Priester, Leviten und Laien«; jetzt lautet die Reihung «Priester, Diakone und Laien«. Er stellt dar, daß Paulus »die Ehe eines Mannes mit nur einer Frau für den Priester, den Diakon, den Laien« erlaubt hat[12]. Und Origenes († 253/54) stellt die Laien dem Klerus gegenüber: »Wir, die wir uns einbilden, etwas zu sein, weil wir auf Grund unserer Eigenschaft als Kleriker als eure Vorsteher eingesetzt sind, so daß einige diese Eigenschaft zu erlangen wünschen: wisset, daß kein Kleriker notwendigerweise gerettet wird; denn mehr als ein Kleriker wird verlorengehen und mehr als ein Laie wird seliggepriesen werden. Aber weil es unter den Klerikern solche gibt, die aus ihrem Stand keinen

Nutzen zu ziehen verstehen noch ihn in Ehren halten, darum sagen die, welche den Text erklärt haben, daß geschrieben steht: ihr klēros (Losanteil) war für sie ohne jeglichen Nutzen«[13].

In den lateinischen Sprachgebrauch wurde diese für die Zukunft prägende Terminologie eingeführt durch eine Übersetzung der zitierten Stelle des Klemensbriefs, die nun lautet: »Plebeius homo laicis praeceptis datus est«[14]. »Plebs« wird nun zum Fachterminus für den Laien. Mit Tertullian († nach 220) hat sich der Begriff *laikós* zur Bezeichnung des Nicht-Amtsträgers, des Nicht-Priesters eingebürgert. Er unterscheidet den *ordo sacerdotalis* vom *ordo ecclesiae,* den die Laien bilden. Beide Stände sind in seiner Sicht noch so eng verbunden, daß er aus dem Verbot für Bischöfe, eine zweite Ehe einzugehen, folgert, dies sei auch Laien nicht gestattet, denn: »Sind nicht auch wir Laien Priester? . . . Das, was den Unterschied zwischen der Hierarchie (ordo) und dem Volk (plebs) ausmacht, ist die Autorität der Kirche und der Vorsitz in den Versammlungen. Da, wo der Klerus nicht zugegen ist, opferst du, taufst du, bist du dein eigener Priester. Denn da, wo es drei (Gläubige) gibt, da ist die Kirche (ubi tres, ibi Ecclesia)«[15].

Der Begriff *ordo*, durch den Tertullian jeweils die Amtsträger und die Nicht-Amtsträger zusammenfaßte, hatte im römischen Imperium die Bedeutung von gesellschaftlichen Klassen oder Ständen: es gab den *ordo* der Senatoren, der Ritter und die *plebs,* das gemeine Volk. Die Übertragung dieser Begrifflichkeit auf die Kirche zeigt, daß die Amtsträger bereits zu einer in sich geschlossenen Gruppe geworden waren, die Nicht-Amtsträger ausgegliedert hatten und sie damit ebenfalls zu einer eigenen Gruppe, eben zum *ordo der plebs* gemacht hatten. Die Laien wurden durch die

Absonderung des Klerus in einen eigenen Stand nun ebenfalls zu einem geschlossenen Stand in der Kirche.

b) Schritte zur Etablierung des Klerikerstandes

Seit der Konstantinischen Wende, als das Christentum zunächst toleriert, später als Reichsreligion anerkannt wurde, erhielten die Repräsentanten der Kirche eine gesellschaftliche Ehrenstellung, sie bekamen zahlreiche Privilegien, es wurden ihnen auch staatliche Aufgaben übertragen. Mit einem Mal war jetzt die Mehrzahl der Bürger des Römischen Reiches Christen. Auf dem Weg über die Kindertaufe wurde das Christentum zur Volksreligion. Damit verlief nun die große Trennungslinie nicht mehr zwischen Christen und Heiden, zwischen Glaubenden und Nicht-Glaubenden, zwischen Volk Gottes und Nicht-Volk-Gottes. Sie verlagerte sich in die nun alles umfassende Kirche selbst und schied in der Folgezeit den Klerus von den Laien. Nun steht der Begriff *laós* nicht mehr im Gegensatz zu den Heiden, sondern zu den führenden Kreisen in der Kirche. Laie wird damit der *Nicht-Priester*, der Nicht-Kleriker. Er ist nun definiert durch seine Nicht-Zugehörigkeit zum Stand des Klerus. Laie und Klerus werden zu korrelativen Begriffen. Was der Laie ist, wird nur von der Bestimmung des Klerus her verständlich. Darum ist es zum rechten Verständnis des Laien und seiner Stellung in der Alten Kirche unerläßlich, in aller gebotenen Kürze auch auf die Entwicklung des Amtsverständnisses einzugehen. Denn der Laie definiert sich in der Folgezeit als der Nicht-Priester, und dies erfordert wenigstens einige Hinweise auf das Verständnis des Priestertums, an dem nicht teilzuhaben zur Wesensbestimmung des Laien wird.

Für diese Entwicklung waren nicht allein gesellschaftliche Umwälzungen verantwortlich, zunächst war es eine innerkirchliche und religiöse Neubesinnung, die zur Befestigung des Standes der Kleriker führte und damit auch die Laien in einem eigenen Stand zusammenschloß. Dies läßt sich verfolgen in der Aufnahme des Begriffs »Priester« für die kirchlichen Amtsträger, die, wie gesehen, im Neuen Testament nicht so benannt wurden. Der Terminus »Priester« wurde zunächst durch eine Allegorisierung des Alten Testaments im Christentum heimisch. Die ersten Christen hatten ja noch kein Neues Testament, ihre Heilige Schrift war das Alte Testament. Dieses lasen sie nun gleichsam durch eine neue Brille, nämlich von ihrem Glauben an das Kreuz und die Auferstehung Jesu her. Es wurde auf Christus hin ausgelegt, es wurde allegorisch gedeutet. In diesem Rahmen erfolgte nun der Vergleich: so wie es im Alten Bund den Hohenpriester gegeben hat, so ähnlich gibt es auch in der christlichen Gemeinde den Priester, den *sacerdos,* nämlich den Bischof. Am Anfang stand also die Allegorese, der Vergleich. Dieser Gedanke wurde in der Folgezeit mit dem nicht unproblematischen Verständnis verbunden, daß der Bischof als Vorsteher der Eucharistiefeier ein Opfer darbringe und darum ein echter und eigentlicher Priester sei. Das Bewußtsein des allegorischen Charaktes dieser Sprechweise verschwand im Laufe der Zeit, die Begriffe aber blieben.

Von besonderer Bedeutung für die Ausgestaltung des frühchristlichen Amtsverständnisses und damit indirekt für die Ausbildung des Laienstandes war die Auseinandersetzung mit den Irrlehren, vor allem mit der Gnosis. Beispiele hierfür sind Ignatius von Antiochien und Irenäus von Lyon. *Ignatius*, der Bischof von *Antiochien*, wurde um das Jahr 110 von Syrien nach Rom geschleppt und dort in der Arena von wilden Tieren zerrissen. Auf seiner Reise nach Rom schrieb er sieben Briefe, die vor allem als Zeugnis für seine Bereitschaft zum Martyrium und für die Verfassung der christlichen Gemeinde bewegend und von hoher Bedeutung sind. In diesen Briefen ist vorausgesetzt, daß an die Stelle der alten, kollegialen Verfassung mit mehreren Amtsträgern nun der »monarchische« Episkopat getreten ist; d. h.: Der Bischof ist nun ein einzelner. Er leitet zusammen mit einer Mehrzahl von Presbytern und Diakonen die christliche Gemeinde. Im Bischof wird die Einheit der christlichen Gemeinde sichtbar und anschaulich. Weil die Gemeinde eins sein muß, darum muß auch der Bischof einer sein. Einheit der Kirche bedeutet in diesem Verständnis in erster Linie Einheit mit dem Bischof. In dem einen Bischof wird die Einheit der Gemeinde sichtbar, denn der Bischof repräsentiert Christus in der Gemeinde und für sie. Er ist ihr Mittelpunkt und ihr ständiges Gegenüber. Er steht ihr so gegenüber, wie Christus der Gemeinde gegenübersteht. Er ist in seinem Amt nicht von der Gemeinde abhängig oder durch Delegation oder Wahl ins Amt gekommen. Vielmehr gilt nach Ignatius: Wie der Bischof von Christus selbst getragen wird, so trägt der Bischof wiederum die Gemeinde. Dies verdichtete sich in dem oft formelhaft zitierten Satz des Ignatius: »Wo der Bischof ist, da ist auch die Kirche«. Ignatius gibt die geradezu definitorische Bestimmung: »Kirche ist ein im Bischof geeintes Volk«. Die Autorität des Bischofs wird bei Ignatius in fast mystischer Weise in der Einheit mit Christus verankert. Dies hat für die Gläubigen die Konsequenz: Ihr dürft nichts ohne den Bischof tun. Der Bischof allein ist zuständig, den Gottesdienst zu leiten, die Eucharistie zu feiern, die Sakramente zu spenden. Andere können es nur in seinem Auftrag und mit seiner Zustimmung.

Bei Ignatius hat diese Konzeption des Bischofs noch keine absolutistischen und autoritären Implikationen. Er schrieb diese Gedanken auf dem Weg zum Martyrium, wo Herrschaftsansprüche ohnehin ferne lagen. Dennoch ist angesichts der zumeist kollegialen Struktur der Ämter im Neuen Testament die Frage zu stellen, wie Ignatius schon in frühester Zeit zu dieser Theologie des bischöflichen Amtes kommen konnte. Im Hintergrund steht hier die Auseinandersetzung mit der *Gnosis*. Die Gnosis ist eine sehr vielgestaltige und schillernde Erscheinung. Sie tendierte dazu, den Inhalt des christlichen Glaubens allein geistig, spirituell zu verstehen und innerweltliche, historische, körperlich-materielle Realitäten als bedrükkend auszuscheiden und zu überwinden. Die Erleuchteten, die Gnostiker beanspruchten, eine besondere Erkenntnis, einen unmittelbaren Zugang zu Gott zu haben und darum dem Körperlichen, Historischen, Institutionellen, allem Endlichen enthoben zu sein. Das Materielle und Leibliche spielte für sie keine Rolle mehr. Mit dieser Tendenz entstand die Gefahr einer Aufspaltung der christlichen Gemeinde in die »eigentlichen« Christen, die diese innere Erleuchtung erfahren haben und darum wahre Pneumatiker, Geistträger sind, und die »Kirchenchristen«, die immer noch glauben müssen, die an das Historische, Einmalige, Körperliche, Sakramentale, an die Kirche als Institution gebunden sind. Gegenüber derartigen Tendenzen einer Spiritualisierung hatte schon das Johannesevangelium betont, daß das Wort Fleisch geworden ist.

Diese Auseinandersetzung mit gnostischen Tendenzen führte Ignatius zu seiner Betonung des Bischofsamtes. Das Christentum ist, so seine Intention, nicht ein geistiges Prinzip, eine höhere Lehre, eine in sich stehende Wahrheit, es beruht nicht auf einer privaten inneren Erleuchtung, sondern es ist konkret, anschaulich geworden, es hat gleichsam Fleisch angenommen, und dies in konkreter menschlicher Gestalt. Wie der Geist einmal in Jesus von Nazaret wahrhaft Mensch geworden ist, so wird heute die christliche Idee im Bischof verleiblicht. Geistiges Leben ist darum engstens an das Amt gebunden und wird dadurch sichtbar, konkret, verleiblicht. Die Verwerfung der Gnosis und die Betonung der Sichtbarkeit der Kirche in der Person des Bischofs stellen bei Ignatius letztlich eine große Bewegung dar. So wie Jesus von Nazaret eine einmalige historische Gestalt war, so wird heute die Kirche in historisch faßbaren, konkreten Gestalten, eben in den Bischöfen verleiblicht. Denn das Christentum ist nicht eine innere Erhebung, eine unwandelbare Lehre, eine abstrakte Wahrheit. Es ist vielmehr konkret, es ist Fleisch geworden, einmal in Jesus, heute immer wieder neu im Bischof. Die christliche Botschaft steht nicht in sich, sie ist immer nur im Boten, das Zeugnis ist immer nur im Zeugen anwesend. In dieser frühchristlichen Auseinandersetzung um die Gnosis bekommt das bischöfliche Amt eine Sonderstellung in der Gemeinde und der Gemeinde gegenüber, die so dem Neuen Testament noch fremd war.

Ein weiterer Schritt in der Verselbständigung und Profilierung des kirchlichen Amtes, vor allem des Bischofsamtes, erfolgte durch *Irenäus von Lyon*, und auch hier stand die Auseinandersetzung mit häretischen Strömungen in der Kirche im Hintergrund. Die Kontroverse entzündete sich wiederum an der Gnosis und ihrer Konzeption von einer höheren Erkenntnis, die nur wenigen zugänglich sein kann. Diese Sondererkenntnis wurde in manchen gnostischen Strömungen mit Geheim überlieferungen, also mit nicht überprüfbaren Traditionen begründet. Man berief sich auf ein geheimes Wissen, das von Jesus herrührend in den Kreisen der erleuchteten Christen weitergegeben worden sei. Im Gegensatz dazu band Irenäus die rechte christliche Tradition an das kirchliche Amt. Echte Tradition ist nach seiner Konzeption überall dort, wo sich in lückenloser Kette die Amtsnachfolge im bischöflichen Amt auf die apostolische Gründung einer Gemeinde zurückführen läßt. Denn die Apostel haben Schüler eingesetzt, deren Aufgabe es war, die rechte Lehre weiterzugeben. So die Beschreibung in den Pastoralbriefen. Diese Apostelschüler haben wiederum ihre Schüler als Nachfolger eingesetzt mit dem Auftrag, den rechten Glauben zu bewahren und ihn weiterzugeben. Es war also immer ein Amtsträger, der die rechte Lehre bewahrend überliefert hat. Und so folgert Irenäus: Wo eine ununterbrochene Kette von Amtsnachfolgen im bischöflichen Amt besteht, die bis auf einen Apostel zurückverfolgt werden kann, dort ist die rechte Tradition, nicht aber dort, wo man sich auf nicht überprüfbare Geheimüberlieferung beruft. Mit dieser Konzeption ist in der christlichen Gemeinde ein deutliches Gegenüber festgelegt: auf der einen Seite stehen die Bischöfe in der Amtsnachfolge der Apostel. Sie bürgen für die rechte christliche Tradition oder garantieren sie gar. Auf der anderen Seite sind die Glieder der Gemeinde, die auf die Funktion des Hörens festgelegt werden, weil ihnen allein über die Vermittlung der Bischöfe die wahre Lehre zuteil werden kann.

c) *Die Gemeinschaft von Klerus und Laien im Volk Gottes*

Doch zunächst führte diese Betonung der Sonderstellung und der Bedeutung des bischöflichen Amtes noch keineswegs zu einer generellen Abwertung derer, die nicht an diesem Amt Anteil hatten. Sie waren mitnichten aus der Verantwortung für die Kirche entlassen. Den weltlichen Ständen im Römischen Reich, allen voran dem Kaiser und seinen Beamten, war, kaum waren sie Christen geworden, die Kirche keineswegs einfachhin gleichgültig. Vielmehr erschien ihnen mit Recht die Sache der Kirche auch als eine Angelegenheit des Reiches. Kirchlicher und weltlicher Bereich ließen sich nicht säuberlich voneinander trennen. Die Einheit des Glaubens hatte grundlegende Bedeutung für die Einheit des Reiches und umgekehrt wirkten sich kirchliche Spannungen höchst negativ auf die gesellschaftliche und staatliche Ordnung aus. Seit der Konstantinischen Wende bis herauf zur Zeit der Reformation war die Einheit der Kirche eines der großen Anliegen der Kaiser. Wenn ernste Schwierigkeiten auftraten, haben in der Alten Kirche die Kaiser, und nicht etwa der Papst oder die Bischöfe, Konzilien einberufen. In diesen Konzilien der alten, ungeteilten Christenheit führten jeweils die Kaiser oder ihre Kommissare, gegebenenfalls auch Bischöfe im Auftrag des Kaisers den Vorsitz. »Der Kaiser ist Schützer und Verteidiger der Kirche, der kirchlichen Einheit im wahren Glauben; er finanziert das Konzil, sorgt für die Sicherheit der Teilnehmer und für die Aufrechterhaltung der allgemeinen Ordnung. Aus dieser Verantwortung legen die Kaiser die Verhandlungsgegenstände und den Geschäftsgang fest und greifen öfters auch persönlich oder durch ihre Kommissare in die Debatten ein über die

Fragen des Glaubens, der kirchlichen Organisation und Disziplin«[16]. Die Aufgliederung des Volkes Gottes in verschiedene Stände führte also keineswegs sofort zu einer Konzentrierung aller kirchlichen Vollmacht auf den Klerus und zu einer klaren Trennung oder gar Entgegensetzung von Klerus und Laien.

Daß die Gemeinsamkeit zwischen Klerus und Laien in diesen Jahrhunderten noch mehr Gewicht hatte als die Differenz, zeigt sich auch in der Mitwirkung der Gemeinden bei der Wahl ihrer Amtsträger. Die Berufung durch die ganze Gemeinde war in der Alten Kirche durchwegs für die Ordination der Bischöfe unverzichtbar und als bindend vorausgesetzt. Der Erste Klemensbrief, aus dem oben schon zitiert wurde, spricht davon, daß Amtsträger mit Zustimmung der ganzen Gemeinde eingesetzt werden.[17] In der wenig jüngeren Didache lautet die Anweisung: »Wählt euch Bischöfe und Diakone, würdig des Herrn«[18]. Aus dem dritten Jahrhundert haben wir klare Zeugnisse für ein Stimmrecht aller Gemeindemitglieder beispielsweise bei der Wahl des römischen Bischofs. Bei Hippolyt von Rom heißt es um das Jahr 230: »Man ordiniere zum Bischof den, der vom ganzen Volk erwählt worden ist ... mit der Zustimmung aller, und die Bischöfe mögen ihm die Hand auflegen«[19]. Cyprian von Karthago erachtete die Wahl durch das Volk und die Zustimmung der Nachbarbischöfe als Zeichen für die Erwählung des Kandidaten durch Gott. Nach seiner Überzeugung ist es ein Grundsatz göttlichen Rechts, daß niemand zum Bischof geweiht werden darf, der nicht vom Volk gewählt und von den Bischöfen der Kirchenprovinz akzeptiert worden ist. Nach Ambrosius sind zur rechtmäßigen Bestellung eines Bischofs die Wahl durch die Gläubigen der Stadt und die Anerkennung durch die Bischöfe der

Provinz zusammen mit den Metropoliten erfordert. Die Anwesenheit der Nachbarbischöfe bei der Ordination wurde als unerläßlich erachtet. Die Gemeinde am Ort und die Bischöfe der Provinz sind die Rechtssubjekte, deren Zustimmung für die Bestellung eines Bischofs als unabdingbar galt. Abschließend seien noch zwei päpstliche Stimmen angeführt: Papst Coelestin I. erklärte: »Man zwinge dem Volk nicht jemandem, der ihm nicht genehm ist, zum Bischof auf«[20]. Und Papst Leo I. schrieb im Jahr 458/459 vor: »Man ordiniere niemanden zum Bischof gegen den Willen der Christen und ohne ihre ausdrückliche Bitte«; denn: »Wer allen vorstehen soll, soll von allen gewählt werden«[21].

Die Bischöfe verstanden ihr Amt als *Dienst am Volk*. Nicht das Volk war für den Bischof, sondern der Bischof für das Volk da. Dabei sollte die Umschreibung des Amtes als Dienst nicht nur unüberprüfbare Herrschaftsverhältnisse verschleiern, wie oft später in der Geschichte der Kirche; vielmehr waren die Bischöfe in ihrem Amt auf das Volk ausgerichtet und nicht umgekehrt. Bei Johannes Chrysostomus erscheinen die Laien als »das priesterliche Pleroma« des Bischofs[22]; also erst im Volk, erst in den Laien kommt das Amt des Bischofs zu seiner Erfüllung und Vollendung. In der Lehre vom allgemeinen Priestertum aller Gläubigen, die in der Väterzeit und bis herauf in die mittelalterliche Theologie von hoher Bedeutung war, wird diese Einheit und Gemeinschaft des Volkes und des Bischofs deutlich. So schreibt ebenfalls Johannes Chrysostomus: »Manchmal sogar gibt es keinen Unterschied zwischen dem Priester und dem einfachen Gläubigen, so wenn es darum geht, aus den heiligen Geheimnissen die Frucht zu empfangen, denn wir alle sind gleicherweise zu ihnen zugelassen. Es ist nicht wie unter dem Alten Testament, wo der Priester etwas anderes aß als der einfache Gläubige und wo es dem Volke nicht erlaubt war, die Speise zu essen, welche die Priester aßen. Nun verhält es sich anders, denn allen wird derselbe Leib und derselbe Kelch gereicht. Auch an den Gebeten hat das Volk großen Anteil. Die Gebete für die ›Besessenen‹ wie für die Büßer werden von Priester und Volk gemeinsam gesprochen; alle sprechen das gleiche und eine Gebet, ein Gebet voll des Erbarmens. Nachdem wir sodann diejenigen aus dem heiligen Raum entlassen haben, die am heiligen Tisch keinen Anteil haben können, beginnt ein anderes Gebet, bei dem sich alle gemeinsam zu Boden werfen und gemeinsam wieder aufstehen. Wenn wir den Friedensgruß geben und empfangen, umarmen sich alle. Selbst im Verlauf der heiligen Geheimnisse richtet der Priester einen Wunsch an das Volk und das Volk an den Priester«[23].

Auch nach der Herausbildung des Klerus, vor allem des höheren Klerus als eigener Stand in der Kirche ist also die gegenseitige Beziehung von Bischof und Volk in der Alten Kirche noch sehr eng. Die Gemeinde als ganze ist Träger des Glaubens und prüft ihn, die Gemeinde insgesamt ist auch für den Glauben ihrer Amtsträger verantwortlich. Damit ist nicht die spezifische Aufgabe des Amtsträgers in Frage gestellt, wohl aber widerspricht die altkirchliche Praxis einer Konzeption, die Apostolizität und Rechtgläubigkeit der Kirche allein auf die Amtsträger konzentriert und durch sie garantiert sieht, die Orthodoxie der »Laien« dagegen ausschließlich im Gehorsam gegenüber dem Klerus begründet.

Beim Konzil von Chalkedon (451) wird die Bindung des Amtsträgers an seine Gemeinde so betont und werden beide so eng zusammengesehen, daß eine Ordination, die nicht auf eine konkrete Gemeinde hin stattfand, für ungültig erklärt wurde: Die Weihe erfolgte für den Dienst in einer bestimmten, konkreten Gemeinde und beauftragte dazu. Eine »absolute Ordination«, die allgemein gilt und nicht für eine konkrete Aufgabe bestellt, wurde ausgeschlossen. Der Kanon lautet: »Niemand darf auf absolute Weise ›ordiniert‹ werden, weder zum Priester noch zum Diakon . . . Wenn ihm nicht auf deutliche Weise eine örtliche Gemeinde zugewiesen ist, . . . beschließt das hochheilige Konzil, daß seine Ordination null und nichtig ist, . . . und daß er daher bei keiner einzigen Gelegenheit Funktionen ausüben darf«[24]. Noch war die Ordination, also die Eingliederung in den Stand der Kleriker, so eng an eine konkrete Gemeinde gebunden, daß die heute übliche »absolute« Ordination, d. h. eine Weihe zum Priester gleichsam »auf Vorrat« ohne ausdrückliche Zuordnung zu einer ganz konkreten Gemeinde nicht nur als unerlaubt, sondern als ungültig, als wirkungslos erschien. Bei einer »absoluten« Ordination ist die Mitwirkung der Gemeinde von vornherein kaum möglich, weil die Weihe eben nicht zum Dienst in einer bestimmten Gemeinde erfolgt und der Ordinierte für jede Gemeinde angewiesen werden kann. Noch war der Klerus nicht ein eigener, dem Volk und den Laien so enthobener Stand, daß man in ihn ohne Mitwirkung, Wahl oder Zustimmung einer Gemeinde hätte aufgenommen werden können, um dann eine Aufgabe zu übernehmen, die Angehörigen dieses Standes vorbehalten ist, ohne daß die Kirche am Ort um ihre Meinung gefragt würde. Die noch bestehende Harmonie und die Eingebundenheit des Bischofs in die Gemeinde drückt sich vielleicht noch am prägnantesten aus in dem Satz des heiligen Augustinus: »Wo mich erschreckt, was ich für euch bin, da tröstet mich, was ich mit euch bin. Für euch bin ich Bischof, mit euch bin ich Christ. Jenes bezeichnet das Amt, dieses die

Gnade. Jenes die Gefahr, dieses das Heil«[25]. Und Congar macht darauf aufmerksam, daß dieser Ausspruch des Kirchenvaters parallel steht zu seinem Wort: »Für euch Lehrer, aber zuvor mit euch Schüler«[26].

Die Harmonie zwischen Klerus und Laien, die wir in der Alten Kirche finden, war immer auch gefährdet und drohte, nachdem sich einmal die verschiedenen Stände gebildet hatten, in die Konfrontation umzuschlagen. An der Schwelle vom 5. zum 6. Jahrhundert hat Papst Gelasius I. (492–496) zwei Gewalten unterschieden und voneinander getrennt: die weltliche des Kaisers und die geistliche der Bischöfe. »Zwei sind es, erhabener Kaiser, von denen vornehmlich diese Welt regiert wird: die geheiligte Autorität der Bischöfe und die königliche Gewalt. Von diesen Ämtern ist das der Priester von um so größerem Gewicht, weil sie auch für die Könige der Menschen im göttlichen Gericht werden Rechenschaft ablegen müssen«[27]. In geistlicher Hinsicht sei selbst der Kaiser als Laie den Bischöfen unterstellt. Mit dieser Aussage waren die Kontroversen vorbereitet, die zu einem der zentralen Themen des Mittelalters werden sollten.

Mehr als derartige, zunächst noch vereinzelt vorgetragene Thesen förderte aber die besondere Lebensführung der Kleriker die Ausbildung und Konsolidierung ihres eigenen Standes und die Abgrenzung von anderen Ständen. Seit dem 5. Jahrhundert begannen die Priester eine eigene Kleidung zu tragen und seit dem 6. Jahrhundert setzte sich der Zölibat durch. Damit war der Laie als jener gekennzeichnet, der nicht nach dieser für den Klerus geltenden Regel lebte.

II. Der Stand der Mönche und der Weltcharakter der Laien

Entscheidende Bedeutung für die Entstehung des Standes der Laien erlangte die Idee des Mönchtums. Seine Anfänge liegen in der Mitte des 3. Jahrhunderts, als sich der Mönchsvater Antonius um 250 in die ägyptische Wüste zurückzog, um sein Leben als Einsiedler zu führen. Diese Mönchsbewegung war von Christen getragen, die keine Funktion als Priester hatten. Die Stellung des Mönchs war nicht bestimmt durch einen liturgischen Dienst, durch Gemeindeleitung, also durch ein Amt. Der Dienst am Altar, der für die Priester schon prägend war, stand hier nicht im Zentrum. Die Mönche führten jedenfalls zunächst kein liturgisches Leben. Sie waren ursprünglich keine Kleriker. Vielmehr schlossen sie sich zusammen, um in Gemeinschaft oder gegebenenfalls auch als Einsiedler die evangelischen Räte zu praktizieren und ihr Leben ganz Gott zu weihen. Während die Priester durch bestimmte Funktionen als Gemeindeleiter und als Liturgen geprägt waren, fand der Mönch seine Identität durch seine Lebensform. »Sie besteht darin, nicht für die Welt und gemäß der Welt zu leben, sondern im höchsten Maße für Gott und Gott gemäß, nicht in der Welt zu leben, sie zu verlassen und, soweit das möglich ist, ein himmlisches oder engelgleiches Leben zu führen, das Leben des Reiches, das nicht von dieser Welt ist«[28]. Zwischen Mönch und Klerus war zunächst deutlich unterschieden: »Man ist Kleriker durch die Weihe für den heiligen Dienst, Mönch durch die persönliche Absage an die Welt«[29]. Das Mönchtum kommt aus dem Bereich der Laien, nicht der Priester. Am drastischsten ist dies ausgeführt bei Johannes Kassian (gest. um 435), der formulierte: »Der Mönch müsse vor allem den

Bischof und die Frau fliehen«[30]. Aszese, Ehelosigkeit und Nicht-Zugehörigkeit zum Klerus prägten den Mönch in gleicher Weise.

Die Entstehung des Mönchtums als Stand und Lebensform und sein Auszug aus den Gemeinden hatte für diese weitreichende Folgen. Auf der einen Seite haben die Orden in vielfältiger Weise in der Kirche gewirkt und bildeten einen Sauerteig, der für die Kirche als ganze von unübersehbarer Bedeutung war. Auf der anderen Seite aber zog das Moment des Aszetischen, der strengen Hingabe an Gott aus den Gemeinden aus und isolierte sich, es machte sich selbständig. Die Gemeinden blieben zurück als zusammengesetzt aus den Gläubigen, die im Gegensatz zu den Mönchen in der Welt blieben und die weltlichen Geschäfte zu besorgen hatten. Die Ausschließlichkeit der Hingabe an Gott durch die Mönche fixierte die Nicht-Mönche auf die Welt und ihre Geschäfte. «Die Laien, die als Mönche in die Wüste gingen, haben das Kirchenvolk, das zurückblieb, mehr zu den Weltleuten gemacht, die die Laien dann waren«[31].

Die Mönche entstanden also aus den Nicht-Amtsträgern, sie haben sich aber in ihrer weiteren Entwicklung bald mit dem kirchlichen Amt verbunden. Es wurde die Forderung laut, daß die Amtsträger, die dem Altar und dem Heiligen dienten, den Geist und die Tugend eines Mönchs haben und ein ganz Gott geweihtes Leben führen sollten. Die Priester sollten sich um ihren Bischof versammeln und als Klerikergemeinschaft einer Ordensfamilie ähnlich werden. Ein Text des Hieronymus entfaltete eine weitreichende Wirkungsgeschichte: »Das griechische Wort klēros bedeutet Anteil, durch das Los gezogener Anteil. Also trägt man den Namen Kleriker entweder, weil man der Anteil des Herrn ist, oder weil man den Herrn zum Anteil hat. Wer das eine oder das andere bekennt, muß durch sein Verhalten zeigen, daß er den Herrn besitzt oder vom Herrn in Besitz genommen ist. Aber der, welcher den Herrn besitzt und mit den Propheten spricht: ›Der Herr ist mein Anteil‹, kann nichts außer dem Herrn besitzen«[32]. Beim Empfang der Tonsur wurde Psalm 15 gebetet: »Der Herr ist mein Erbteil und mein Becher. Du bist es, der mir mein Erbe gibt. Die Meßschnur fiel mir auf köstlichen Grund, ja mein Erbteil gefällt mir gar sehr« (Ps 16,5 f.). Diese Tonsur war gegen Ende des 4. Jahrhunderts das Zeichen der Mönche und der Kleriker, wurde allerdings zunächst bei beiden verschieden gedeutet. Sie war eben die Aufnahme entweder in den Stand der Mönche oder in den der Kleriker. Dennoch flossen die ursprünglich verschiedenen Deutungen der Tonsur bald ineinander, vor allem seit man sie als Krone, ihre Träger als Könige zu interpretieren begann. Das Ideal des mönchischen Lebens wurde damit auch auf die Priester übertragen, während inhaltlich die Funktion des Amtsträgers, verstanden als Priester, mehr und mehr zur Aufgabenstellung auch des Mönchs wurde. Mönche und Priester wuchsen damit zu einem Stand zusammen. Das Mönchtum verlor seinen Charakter einer »Laien«-Bewegung.

Im Westen wurde die Angleichung von Mönchen und Klerikern stärker durchgeführt als im Osten, wo die Mönche noch länger als Einsiedler lebten. In der benediktinischen Tradition wurden auch die Mönche zu Dienern des Altars und übernahmen in der Folgezeit häufig Aufgaben in der Seelsorge. Damit haben sich beide Lebensformen einander weithin angeglichen. Die Aufgabenstellung der Amtsträger, ihre Funktionen wurden übertragen auf die Mönche und mit deren Lebensform verbunden. Die Mönche wurden zumeist Priester, die höheren Verantwortlichkeiten in den Orden wurden den Priestermönchen vorbehalten. Die Priester dagegen übernahmen die Lebensform der Mönche: das Ideal eines gemeinsamen Lebens, Gehorsam gegenüber dem Bischof, eine etwas mildere Form der Armut und vor allem den Zölibat.

So konnte es nicht ausbleiben, daß in der Folgezeit Priester und Mönche als einheitlicher Stand in der Kirche angesehen wurden. Er war geprägt vom liturgischen Vollzug, dem Dienst am Heiligen, der denen vorbehalten ist, die dafür besonders auserwählt sind, und vom Ideal der Mönchsväter, nämlich dem Verlassen der Welt und der ungeteilten Hingabe an Gott. Dem stand gegenüber die Masse der Gläubigen, die dadurch geprägt war, daß sie dies alles eben nicht durfte oder nicht vermochte. Sie blieben in der Welt und sie dienten Gott nicht oder jedenfalls nicht ungeteilt. Sie sind eben die Laien, das einfache Volk.

C

DIE LAIENFRAGE IM MITTELALTER

I. Stufen des Überlegenheitsanspruchs des Klerus über die Laien in der päpstlichen Politik

a) Die Idee der »ecclesia universalis« im frühen Mittelalter

Am Ende des kirchlichen Altertums ist also eine deutliche Unterscheidung von Klerus und Laien in der Kirche ausgebildet, aber noch standen beide Stände innerhalb des gemeinsamen Rahmens der universalen Kirche und waren damit nicht gänzlich voneinander getrennt oder gar gegeneinander strukturiert. Noch im frühen Mittelalter lebten sie vielmehr in grundsätzlicher Harmonie. Kleriker wie Nicht-Kleriker hatten ihre Aufgaben und Befugnisse in Staat und Kirche, in Gesellschaft und Religion. In Deutschland waren die Bischöfe *Landesfürsten* und stellten die ersten unter den Kurfürsten. Bischöfe und Äbte nahmen Schlüsselstellungen in der Verwaltung und der Gesetzgebung des Reiches ein, hatten zentrale Aufgaben bei der Wahl der Könige und Kaiser. Auf der anderen Seite eröffnete das *Eigenkirchenrecht* auch den weltlichen Herrschaften wichtigste Funktionen in der Kirche. Der (weltliche) Herr einer Eigenkirche hatte die volle Leitungsgewalt über seinen Klerus. Die Kirchen waren Eigentum der Herrschaften, die sie gegründet hatten. Diese waren verpflichtet, für die ordnungsgemäße Abhaltung des Gottesdienstes zu sorgen und Priester für diese Aufgabe zu bestellen. Eine Ordination eines vom Kirchenherrn vorgeschlagenen Bewerbers durfte vom Bischof nicht verweigert werden, wenn Lebensführung und Ausbildung den geforderten Bedingungen entsprachen. Dieses Eigenkirchenwesen erstreckte sich vor allem auf Pfarreien und Klöster. Auch auf der Ebene der Bischofsernennungen war die entscheidende Funktion beim König. Er setzte die Bischöfe ein, übergab Ring und Stab als Zeichen ihrer Jurisdiktion und nahm ihren Treueid entgegen. Selbst hinsichtlich der Legalität der Amtsführung von Päpsten hatten die Kaiser ein gewichtiges Wort zu sprechen. »Die drei Ottonen, Heinrich II. und Heinrich III. wollten unter ihrer heiligen Monarchie die geistliche und die politische Einheit des Reiches zugleich herstellen. Sie setzten Päpste ein, setzten sie ab: im Dezember 1046 enthebt Heinrich III. die drei, die es damals gab, in Sutri ihres Amtes und ernennt darauf einen anderen. Im Innern des Reiches bestellen die Kaiser, mit großer Umsicht übrigens, auch die wichtigsten Würdenträger«[33].

Das Königtum erfüllte wichtigste Leitungsfunktionen auch in der Kirche. Es wurde von der Stellung des alttestamentlichen Königs her gedeutet. So wurden die Königsweihe und die -salbung bzw. die Kaiserkrönung allgemein als Sakramente verstanden. In Heinrich III. kam »der sakrale Charakter des frühmittelalterlichen Königtums, die Harmonie von regnum und sacerdotium, von königlicher und priesterlicher Gewalt unter Führung des weltlichen Herrschers, am schönsten zur Darstellung. Der gesalbte König und Kaiser ist Vertreter Gottes, der auf den Miniaturbildern der Zeit seinem Erwählten die Krone selber aufs Haupt setzt«[34].

Der König ist in Wahrheit *rex et sacerdos*, *vicarius Christi*, König und Priester, wahrer Stellvertreter Christi auf Erden. Das Eingreifen Heinrichs III. in den unwürdigen Kampf dreier einander befehdender Päpste wurde in der Kirche fast allgemein mit hohen Worten gepriesen. Die Kirche ist im frühen Mittelalter eine Harmonie von sacerdotium und imperium. Als *ecclesia universalis* ist sie nicht auf den binnenkirchlichen oder gar den priesterlichen Rahmen beschränkt, sondern sie umfaßt das Ganze der damals bekannten Welt. Geistliches und Weltliches, Staatliches und Kirchliches sind zwar unterschieden, stehen aber innerhalb des größeren Rahmens der universalen Kirche. Er verleiht Einheit und Harmonie. Nicht-Priester übten ganz selbstverständlich und unbefragt je nach ihrem Rang Funktionen in der Kirche aus, ebenso wie Kleriker staatliche Aufgaben übernahmen.

b) Gregor VII., der »dictatus papae« und der Investiturstreit

Diese Harmonie wurde unter Heinrich IV. und dessen Gegenspieler, Papst Gregor VII., von Grund auf zerstört. Papst Gregor VII. kam aus dem Reformkloster Cluny und war von der Idee besessen, die Kirche, vor allem ihren Klerus zu reformieren. Sein Kampf galt der Simonie und dem Nikolaitismus. Als Simonie bekämpfte er den Ämterkauf bzw. in erweitertem Sinn die Verleihung kirchlicher Ämter durch Nicht-Kleriker, Nikolaitismus war die Bezeichnung für die Priesterehe, die an der Schwelle zum 2. Jahrtausend mehr oder weniger selbstverständliche und allgemein respektierte Praxis war. Sein Kampf gegen den Simonismus konzentrierte sich auf das von ihm aufgestellte Verbot der Bischofsernennungen durch den König, die sogenannte Laieninvestitur. Dies war der Inhalt seiner Auseinandersetzung mit Kaiser Heinrich IV. im *Investiturstreit.*

Gregor beanspruchte für sich allein das Recht, Bischöfe einzusetzen. Er war sich darüber im klaren, daß er damit einen direkten Schlag vor allem gegen das Königtum in Deutschland führte: die Aufhebung der Vollmacht des Königs zur Investitur der Bischöfe stellte die Grundlagen des Reichs in Frage. »Seit den Tagen Ottos des Großen waren die höheren Kirchen von den deutschen Königen aufs reichste mit Reichsgut und Hoheitsrechten ausgestattet worden. Auf den Leistungen, die vom Kirchengut ans Reich zu entrichten waren, beruhte zum größten Teil der Unterhalt der Zentralgewalt, beruhte zum guten Teil auch das Reichskriegswesen. Die Reichsprälaten, bei deren Berufung auf Bischofsstühle und zur Abtswürde der König entscheidenden Einfluß hatte, waren die zuverlässigen Stützen des königlichen Regiments, namentlich auch gegenüber den erblichen weltlichen Fürsten gewesen«[35]. Durch das Verbot der Investitur wäre nun dem König jeder Einfluß auf die Bestellung der Bischöfe genommen worden, aber die Hauptmasse des Reichsguts samt der politischen Rechte — einschließlich der Wahl des Königs, bei der auch die geistlichen Kurfürsten mitwirkten — wären verloren gegangen und letztlich in die Verfügungsgewalt des Papstes übergegangen. Das Königtum mußte ein vitales Interesse daran haben, daß der bisherige Zustand unverändert beibehalten blieb. Der König konnte sich darauf berufen, daß diese wohlerworbenen und seit Jahrhunderten geübten Befugnisse jedenfalls gewohnheitsrechtlich sanktioniert waren. Papst Gregor VII. hat, als er diese Rechte in Frage stellte, also keineswegs einen Mißstand beseitigt, sondern die Ordnung, auf der die frühmittelalterliche Verfassung von Kirche und Reich und ihre Harmonie beruhten, fundamental in Frage gestellt. Durch die Geschehnisse um den Investiturstreit wurde letztlich die Basis zerstört, auf der die Ordnung der *ecclesia universalis* beruhte.

Heinrich IV. warf dem Papst vor, durch seine neuen Rechtsansprüche gegen Treu und Glauben zu verstoßen, und ließ ihn im Januar 1076 auf einer Reichssynode zu Worms absetzen. Daraufhin belegte der Papst den König mit dem Kirchenbann, und, was unmittelbare politische Konsequenzen hatte, er entband die Untertanen von ihrem dem König geleisteten Treueid, und verbot, »daß irgendjemand ihm als König diene«[36]. Was Gregor VII. hier mit dem Mittel des Kirchenbannes untersagte, war keineswegs ein mißbräuchlicher Anspruch des Königs, sondern es war die über Jahrhunderte hinweg geübte Praxis, deren Rechtmäßigkeit bis zu diesem Zeitpunkt niemand in Frage gestellt hatte. Gregor kündigte damit die Basis auf, auf der Kirche und Reich, Kaiser und Papst, Klerus und Laien im frühen Mittelalter in Harmonie zusammengelebt und einen großen Organismus, die *ecclesia universalis* gebildet hatten. Canossa wurde zum Symbol für den Zusammenbruch dieser Ordnung.

Wichtiger als die Einzelereignisse sind in unserem Zusammenhang die geistigen Hintergründe, die zu dieser Entwicklung führten. Gregor VII. hat seinen Kampf geführt unter dem Stichwort der *libertas ecclesiae*, Freiheit der Kirche von staatlichem Einfluß. In Wirklichkeit ging es ihm dabei aber um den Anspruch der Überlegenheit und der Oberhoheit des Papstes auch über die weltliche Sphäre. Gregor erblickte im Papsttum eine Art Gott-Kaisertum auf Erden, dem alles und jedes im geistlichen und im weltlichen Bereich untertan ist, das alles richten kann, selbst aber vor keiner irdischen Instanz Rechenschaft ablegen muß oder gerichtet wird.

Sein Machtanspruch ist zusammengefaßt im *dictatus papae*[37], 27 Leitsätzen, in denen er im März 1075 die päpstlichen Primatialrechte in knappster Form zusammenstellte. Sein Machtanspruch gipfelte in der kategorischen Behauptung des Jurisdiktionsprimats des römischen Bischofs über die gesamte Kirche. Daraus leitete er den Anspruch ab, Könige absetzen und die Untertanen vom Treueid entbinden zu können. Er sei der oberste Herr der Welt, und deswegen dürfe er, und er allein, die kaiserlichen Insignien tragen. Der geistliche Bereich ist als ganzer dem weltlichen überlegen, und als Angehöriger des weltlichen Standes ist der Kaiser Laie und nichts als Laie. Noch der letzte Kleriker, der eben die Tonsur empfangen hat, ist dem Kaiser als Laien überlegen. Hatte der Begriff »Laie« in der Alten Kirche zur Umschreibung des einfachen Volkes gedient, war das Wort *laós* im Lateinischen mit *homo plebeius* wiedergegeben worden, so wurde nun der *Kaiser* so bezeichnet und damit dem *plebs* zugeordnet[38]! In seiner Bemühung, die Überlegenheit des Papstes zu legitimieren, hat Gregor die Fürsten und selbst den König und Kaiser als *plebs* charakterisiert und alles darangesetzt, das Königtum zu entsakralisieren: Krönung und Salbung durften nicht mehr als Sakrament gelten, dem König wurde der traditionelle Titel *Vicarius Dei*, Stellvertreter Gottes entzogen; so genannt zu werden, stehe nur dem Papst zu. Ihm müsse jeder Fürst die Füße küssen. Und um dem Ganzen gleichsam die Krone aufzusetzen, heißt es: »Jeder rechtmäßig eingesetzte römische Bischof wird zweifellos kraft des Verdienstes des Heiligen Petrus heilig«[39]. Diese These von der Erbheiligkeit des Papstes war schlechterdings revolutionär.

In der gregorianischen Reform ging es also nicht allein um die Überwindung von Mißständen, sondern vor allem um einen Machtanspruch des Papstes und damit um einen Überlegenheitsanspruch des Klerus gegenüber den Laien. Diese wurden in ihren bisher ausgeübten Rechten durchwegs beschnitten: Die kirchliche Stellung des Königs wurde weitgehend eingeschränkt, die Laienbeichte verboten, das Institut der päpstlichen Legaten erweitert. Diese Machterweiterung des Papstes richtete sich in erster Linie gegen den Kaiser. Gegen dessen Rechte formulierte Kardinal Humbert von Silva Candida, der »Vater des Investiturstreits«: »Die Laien sollen nur *ihre* Dinge, nämlich das Weltliche, die Kleriker aber nur die ihren, nämlich die kirchlich-geistlichen, betreiben. Wie die Kleriker nicht Weltliches, so sollen die Laien nicht Kirchliches sich anmaßen«[40]. In der Befolgung dieser Maxime fand Gregor VII. durchaus Sympathie unter dem Laienvolk und dem niederen Klerus, die sich beide gegen den Adelseinfluß in der Kirche wehrten. Gregor hat sogar eine Laienbewegung organisiert, indem er die *Pataria* in Mailand, den »Lumpenmarkt« mobilisierte und gegen die verheirateten und simonistischen Priester einen Laienstreik organisierte, ja sogar die Teilnahme an Gottesdiensten simonistischer und nikolaistischer Priester verbot. Der Papst hat sich also durchaus auch auf Laien gestützt. Der Gehorsam aber, der den Laien eingeschärft wurde, galt allein dem Papst, keineswegs in gleicher Weise den Bischöfen oder gar dem König. Trotz aller Stützung auf die Laien hat Gregor VII. aber theoretische Ansprüche vertreten, die von einer eindeutigen Konträrstellung des Klerus gegen die Laien geprägt waren. Die Reformen wollten jeden Laieneinfluß in der Kirche ausschalten; Laienbewegungen in seinem Sinn richteten sich allein gegen Priester, die seiner Vorstellung von der Sonderstellung und Überlegenheit des Klerus nicht entsprachen. Die Einheit von

Klerus und Laien, wie sie das frühe Mittelalter geprägt hatte, schlug um in die praktische und weithin auch theoretische Konträrstellung, verbunden mit dem Anspruch der Überlegenheit des Klerus in allen Belangen.

c) Bonifaz VIII. und die Zwei-Schwerter-Theorie

Gregor VII. konnte sich mit seinen politischen Forderungen nur teilweise durchsetzen. Im Wormser Konkordat 1122 wurde dem Kaiser ein Zustimmungsrecht bei der Wahl von reichsunmittelbaren Bischöfen und Äbten zugestanden. Der Anspruch der Päpste bezüglich der Oberhoheit über alle weltlichen Gewalten aber wurde von nun an ungebrochen vertreten. Einen Höhepunkt fand er bei Papst Bonifaz VIII. in seiner Zwei-Schwerter-Theorie, derzufolge der Papst von Jesus unmittelbar sowohl die kirchliche als auch die weltliche Gewalt empfangen hat[41]. Beide Schwerter sind in der Gewalt der Kirche und sind von ihr bzw. für sie, also in ihrem Auftrag zu führen. Damit war der Anspruch verbunden, der Papst könne die weltliche Gewalt, die an Könige, Kaiser und Fürsten delegiert war, zurücknehmen und anderweitig verleihen. Er habe also jederzeit das Recht, Kaiser und Könige abzusetzen. Und diese Forderung sollte nicht nur eine Rechtsvorschrift sein, sie sollte auch im Gewissen binden. Denn, wie Bonifaz VIII. in der Bulle *Unam sanctam* erklärte, »dem römischen Papst sich zu unterwerfen, ist für alle Menschen unbedingt zum Heil notwendig«[42].

In der Bulle *Clericis laicos* stellte der Papst sogar feierlich fest, daß die Laien wie in alter Zeit so auch jetzt den Klerikern bitterfeind seien. Selbst wenn konkrete politische Auseinandersetzungen derartige Formulierungen bestimmt haben, so war damit auch theoretisch eine

Entgegensetzung von Klerus und Laien, die Unter- bzw. Überordnung von einander gegnerischen Ständen in der Kirche festgeschrieben. Und dieser Gedanke fand auch Einzug ins Kirchenrecht. Bei Gratian, dem »Vater der kirchlichen Rechtswissenschaft«, heißt es: »Es gibt zwei Arten von Christen. Die eine Art, die sich dem Gottesdienst hingibt und Betrachtung und Gebet widmet, muß von allem weltlichen Lärm frei sein, wie die Kleriker und die Gottgeweihten«. Diese »sind die Könige«. »Es gibt auch noch eine andere Art von Christen, die Laien. Laós heißt nämlich Volk. Ihnen ist es erlaubt, zeitliche Dinge zu besitzen, aber nur zum Gebrauch. Sie haben die Konzession, Frauen zu nehmen, das Land zu bebauen, . . . zu richten, Prozesse zu führen, Opfergaben auf den Altar zu legen, Steuern zu bezahlen, und so können sie gerettet werden, wenn sie doch die Laster durch Guttaten vermeiden«[43].

Damit ist eine eindeutige Trennung in der Kirche festgeschrieben. Auf der einen Seite oder oben stehen jene, die ein kirchliches Amt haben, rechtmäßig geweiht sind und ein Leben nach den Regeln christlicher Vollkommenheit führen. Dies sind die Kleriker[44]. Daneben bzw. darunter gibt es die breite Masse der Laien, die zu alledem nicht berufen oder nicht in der Lage ist, und die darum ein Leben im Stand der Unvollkommenheit führt. Beide Stände bilden nicht mehr eine harmonische Einheit wie in früheren Jahrhunderten, sondern sind einander über- bzw. untergeordnet. Die eigentlichen, rechten Christen sind die Kleriker. Der Stand der Laien ist letztlich nur als Zugeständnis an die menschliche Schwäche zu verstehen. Wer sich mit weltlichen Dingen beschäftigt, läßt sich dadurch von dem ablenken, was im Grunde allein nötig ist, und er hat keinen Anteil an der Ordnung des Heiligen. Vor allem die Ehe wird trotz ihrer Bewertung als Sakrament letztlich doch nur in Kauf genommen, weil es nicht anders geht, und weil nicht alle Menschen fähig sind, den Zölibat zu halten. Es gibt Entschuldigungsgründe dafür, daß die meisten Getauften nach wie vor in der Welt leben und nur Laien sind, aber das wahre Bild des Christen wird vom Kleriker bestimmt. Wer den Kleriker betrachtet, sein Leben recht würdigt, dem entgeht nichts, was christliches Leben bestimmt. Der Kleriker ist der volle Christ, der Laie ist nur insoweit Christ, als er mit dem Kleriker übereinstimmt. Was ihn vom Kleriker unterscheidet, das begrenzt und verdunkelt auch sein Christsein. Nachdem die Zeit der frühchristlichen Martyrer zu Ende ist, entstammen fast alle Heiligen als Vorbilder des Glaubens dem Klerikerstand: Es sind Ordensgründer, Mönche, Bischöfe oder Päpste. Der Laie scheint, wenn nicht prinzipiell, so doch faktisch, keinen Zugang zur Heiligkeit zu haben, solange er im »Stand der Unvollkommenheit« verharrt und nicht die Welt verläßt.

II. Die Profilierung der Laien im Mittelalter

In Spannung zu der bisher dargestellten Tendenz, die Laien möglichst klein zu halten und sie an den Rand zu drängen, ihnen jedenfalls im kirchlichen Rahmen alle Vollmacht abzusprechen und zu entziehen, steht die Tatsache, daß sich gerade im Mittelalter auch die weltlichen Berufe einer Hochschätzung erfreuten und als Verwirklichung der Berufung im Reiche Gottes angesehen wurden. Arbeit wurde verstanden »als partnerliche Teilhaberschaft am schöpferischen und erhaltenden Tun Gottes: Berufliches Tun hat eine unmittelbare und reale Bezogenheit auf das Werk der Erschaffung und Erhaltung«[45]. Beruf ist Berufung, ist *vocatio*. Sogar ein Gregor VII. hat diesen aktiven Weltdienst der Laien gewürdigt. So bezeichnete er den Klostereintritt des Herzogs von Burgund als Fahnenflucht: »So handeln, heiße sich selbstsüchtig lieben und die persönliche Ruhe dem Heil der Brüder vorziehen«[46]. Alfons Auer bringt eine Fülle von Beispielen, wie gerade in den Jahrzehnten, wo wir auf der einen Seite eine kirchenamtliche Abwertung und Ausgrenzung der Laien feststellen, auf der anderen deren innerweltliche Tätigkeit als Vollzug ihrer Berufung im Reich Gottes hoch gepriesen wird[47]. Und gerade die kirchenamtlichen Tendenzen, alle Vollmacht in der Kirche allein der Hierarchie vorzubehalten, haben Reaktionen hervorgerufen, die ihrerseits Anlaß wurden für eine Profilierung des Laientums im Gegensatz zum Klerus.

a) Die Kreuzzüge

Entscheidend für eine religiöse Aktivierung der Laien in der Kirche des Mittelalters wurden die Kreuzzüge. Sie wurden zwar von den Päpsten angeregt und von Mönchen propagiert; organisiert, in die Wege geleitet und durchgeführt aber wurden sie von Laien, die sich mit Recht als die Verteidiger des Heiligen Landes und Beschützer des Grabes Jesu und der Stadt Jerusalem verstanden. Unter den christlichen Rittern, aber auch im einfachen Volk, das sich mehr und mehr an den Kreuzzügen beteiligte, entstand ein neues Bewußtsein ihrer Würde als Christen und als Kämpfer für die Sache Gottes. Hier wurde das Ideal einer *vita apostolica,* eines Lebens nach dem Vorbild der Apostel grundgelegt, das für die Laien eine treibende Kraft in ihrem religiösen Anliegen werden sollte[48]. Dieses Ideal christlichen Lebens unterschied sich tiefgreifend von einer in kirchlichen Geboten und Gehorsamsübungen erstarrten, oft magisch verbrämten offiziellen Form der Frömmigkeit.

b) Die Armutsbewegung als Kritik am Klerus

Eine weitere Quelle der Laienfrömmigkeit entstand unmittelbar aus der gregorianischen Reform. Papst Gregor VII. hatte, wie dargestellt, alle Vollmacht in der Kirche an das Amt und dessen apostolische Sukzession gebunden. Alle Autorität leitet sich davon her, daß jeder Priester von einem Nachfolger der Apostel geweiht ist und damit seine Vollmacht letztlich von den Aposteln bezieht. In einer gewissen Spannung zu dieser Herleitung der Vollmacht aus der Amtssukzession steht die Tatsache, daß Gregor Volksaufstände gegen simonistische und nikolaistische Priester organisierte. Sie waren nach seiner Überzeugung unrechtmäßige Usurpatoren des priesterlichen Amtes, ihre kirchlichen Vollzüge erklärte er für ungültig, die von ihnen gespendeten Sakramente für wirkungslos. Erst verbunden mit einem rechten apostolischen Leben verleiht die Amtsnachfolge die apostolische Vollmacht. Wer nicht lebt wie die Apostel, ist damit auch kein legitimer Nachfolger der Apostel.

Dieser Gedanke wirkte weiter und führte letztlich zu der Überzeugung: Vollmacht und Apostolizität eines Amtsträgers erweisen sich offensichtlich nicht allein in der Kette der Amtsnachfolgen, der Sukzession, sondern in einem Leben gemäß der apostolischen Predigt. Nicht jener ist Träger der Apostolizität, der rechtmäßig geweiht ist, sondern wer lebt wie die Apostel. Apostolizität ist eine Frage der Lebensführung, nicht einer juridisch überprüfbar rechten Ordination. Apostolizität ist damit keineswegs an den Stand des Klerus gebunden, sie erweist sich vielmehr in einem rechten apostolischen Leben, in der *vita apostolica*.

Diese Forderung des apostolischen Lebens als Zeichen der Apostolizität verband sich in der mittelalterlichen Kirche mit dem *Armutsideal*; denn keine Forderung, so die neue Erkenntnis, ist in der Predigt Jesu und in der Botschaft der Apostel mit gleichem Nachdruck vorgetragen, wie die der Armut. Nur wer arm ist, kann ein rechter Christ sein. Ein Leben in Armut wurde damit zum Zeichen von Apostolizität und kirchlicher Vollmacht. An der Wende vom 11. zum 12. Jahrhundert traten an verschiedenen Stellen im Abendland, offensichtlich unabhängig voneinander, spontane Gruppen auf, die in dieser Weise apostolisches Leben in christlicher Armut verwirklichen wollten. Sie zogen barfuß mit wallendem Haar und in ärmlicher Kleidung durch das Land, verzichteten auf die Güter dieser Welt und predigten den armen Christus.

Zunächst gelang es der Kirche, diese Bewegung des apostolischen Lebens in die bestehende Ordnung der klösterlichen Strukturen zu integrieren, aber es erwuchsen auch Tendenzen, die die Forderung der Bewährung der Apostolizität in der Lebensführung *gegen* die Hierarchie und den Klerus selbst wandten. In extremen Flügeln dieser breit gefächerten Bewegung wurde die Rechtmäßigkeit der kirchlichen Ordnung als solche in Frage gestellt und die durch Ordination verliehene Vollmacht nur dann anerkannt, wenn sie durch ein apostolisches Leben verifiziert wurde. Hier haben die Kämpfe der gregorianischen Reform gegen einen verweltlichten Klerus ihre Frucht getragen. Aber die Legalität priesterlicher Amtsführung wurde hier nicht wie bei Gregor VII. an den Kriterien Ehelosigkeit und Investitur durch innerkirchliche Amtsträger überprüft, sondern in erster Linie an der Erfüllung des Armutsgebots. Damit wurde diese Bewegung notgedrungen zu einer Kritik am Klerus, den Bischöfen und vor allem am Papst, die diesem Armutsgebot nicht gerecht wurden und damit im Extremfall als unrechtmäßige Usurpatoren kirchlicher Macht angesehen und bekämpft wurden. Der Führer der radikalsten Gruppierung, Arnold von Brescia, scheiterte im Jahr 1155 bei dem Versuch, die Stadt Rom von der Kirchenherrschaft zu befreien.

Diese Bewegung wollte eine reine Kirche, die ihre Apostolizität durch ein Leben in der Übereinstimmung mit dem der Apostel aufwies. Die Repräsentanten der Kirche sind für den extremen Flügel nicht durch heilige Weihen bevollmächtigte Priester, sondern es sind die Armen um Christi willen, die Bettler, die Mönche, also jedenfalls »Laien« im Sinn eines Gratian, eines Gregor VII. und Bonifaz VIII. Nur sie können für die Kirche sprechen, predigen, die Sakramente spenden. Diese Bewegung, die eine reine, apostolisch-arm lebende Kirche verwirklichen wollte, nannte man *Katharer*[49], die Reinen. Wegen ihrer In-Frage-Stellung von Klerus und Hierarchie wurden sie grausam verfolgt und als die *Ketzer* gebrandmarkt, ein Begriff, der von *Katharer* hergeleitet ist.

Diese Bemühungen um eine reine Kirche verbanden sich in der Folgezeit mit der Deutung der Geschichte durch den Abt *Joachim* aus dem süditalienischen *Fiore.* Joachim teilte die Weltgeschichte ein in drei Epochen: Die Zeit des Alten Testaments verstand er als das Zeitalter des Vaters, die Zeit des Neuen Testaments und der Kirche galt ihm als Zeit des Sohnes. Und nun war Joachim davon überzeugt, daß in naher Zukunft — er rechnete mit weniger als hundert Jahren nach seinem Tod — ein neues Zeitalter, das sogenannte *Dritte Reich* anbrechen werde: das Zeitalter des Geistes. Dieses sollte die Kirche ablösen. Während in der Zeit der Kirche die Macht und die Verantwortung in erster Linie beim kirchlichen Amt, beim Papst und den Bischöfen liegt, sollte sich dies im *Dritten Reich* ändern. Denn dann würde der Geist zum Prinzip der Welt und der Kirche werden, und dieser Geist wird allen Menschen unmittelbar zuteil, so daß eine Mittlerstellung der Priester nicht mehr nötig ist. In diesem kommenden Reich wohnt der Geist jedem Gläubigen inne, jeder kann in sich selbst die Erleuchtung finden. In diesem Zeitalter des Geistes werden Joachim zufolge endlich jene Hoffnungen erfüllt sein, die die Christenheit so sehnlich erwartet: Ostkirche und Westkirche werden sich wieder versöhnen, die Bergpredigt wird die Ordnung unserer Welt bestimmen und damit wird allgemeiner Friede herrschen. In diesem kommenden Reich werden diejenigen, die nach den Forderungen der Bergpredigt leben, die Armen, die Bettler um Christi willen, die Mönche, zu Repräsentanten der Christenheit werden und die derzeitige hierarchische Kirche ablösen. Die neue, geisterfüllte Kirche, die kommende *ecclesia spiritualis*[50] wird eine Kirche der Laien und der Mönche sein. Alle, die den Geist empfangen haben und von ihm erleuchtet wurden, sind die geistlichen Menschen, von denen Paulus im 1. Korintherbrief schreibt, daß sie über alles urteilen, aber von niemandem beurteilt werden können (1 Kor 2,15). Sie sind die *Geistlichen*, und die Kleriker haben über sie keine Gewalt mehr.

c) *Der Streit um die Laienpredigt*

Bei den Waldensern, der wohl wichtigsten Gruppe der Armutsbewegung, spitzte sich die Auseinandersetzung auf die Frage der Laienpredigt zu. Die Anhänger des Kaufmanns Petrus Waldes aus Lyon zogen vor allem durch Südfrankreich und verkündeten den armen Jesus. Manche von ihnen gingen einer einfachen Arbeit nach, aber sie wollten nicht mehr verdienen, als zum unmittelbaren Lebensunterhalt nötig war. Nur der Bedarf sollte gedeckt, nicht Vorräte sollten angehäuft werden. Das Leben dieser »guten Menschen«, wie man sie nannte, strahlte ein Glück und eine Zufriedenheit aus, die man so bisher nicht gefunden hatte. Das ganze wuchs zu einer stattlichen Bewegung heran mit vielen Anhängern, noch mehr Sympathisanten und ungezählten offenen oder geheimen Bewunderern. Die Kirche war herausgefordert. Einmal kam sie in der Verkündigung dieser Wanderprediger nicht gut weg, schon durch ihre Existenz stellten sie eine Kritik an dem Klerus dar, der nicht arm und gewaltlos war. Woher bezogen diese Leute überhaupt das Recht zu predigen: sie waren weder von der Kirche dazu beauftragt noch hatten sie eine entsprechende Ausbildung. Als besonders anstößig empfand man es, daß die Bewegung zu einem großen Teil von Frauen getragen wurde. Wo hatte man je schon gehört, daß Frauen in der Kirche die gleichen Rechte hätten wie die Männer, ja daß sie sogar eine führende Rolle einnehmen könnten?

So verdächtigt wandten sich die Waldenser auf dem 3. Laterankonzil im Jahr 1179 an Papst Alexander III., damit er ihre apostolische Lebensordnung approbiere und sie zur Verkündigung des Evangeliums zulasse. Sie wollten die Kirche innerlich umgestalten, keinesfalls mit ihr brechen. Der Papst war ihnen zunächst nicht unfreundlich gesinnt und setzte eine Kommission zur Prüfung der Frage ein, doch dort hatten die Armen keine Freunde. Man urteilte über sie: »Diesen Leuten das Wort der Verkündigung anzuvertrauen, hieße die Perlen vor die Säue werfen (Mt 7,6) und die Ordnung der Kirche auf den Kopf stellen ... Aus der Quelle soll das Wasser genommen werden und nicht aus den Sümpfen der Niederung«[51].

Vor derartig übelwollenden Richtern konnten die Vertreter der Armutsbewegung in einer theologischen Prüfung, der sie sich unterziehen mußten, natürlich nicht bestehen und fielen unter dem Gespött ihrer Examinatoren durch. Man nannte sie einfache und ungebildete Leute (idiotae et illiterati), überhebliche Laien. Es wurde ihnen verboten, sich das Predigtamt anzumaßen, denn das Recht zur Predigt sei ausschließlich denen vorbehalten, die von Gott dazu berufen sind, und das seien allein die Apostel und die 72 Jünger des Herrn und ihre Nachfolger, also die Bischöfe und die Priester, und deren Stellvertreter, die Diakone; sonst aber niemand, weder Mönche noch Laien. Selbst der Papst könne niemand zur Predigt zulassen, der nicht von Gott dazu berufen sei. Bei all diesen Argumenten war die Sorge um die Position der Kleriker von zumindest mitausschlaggebender Bedeutung: »Jetzt sind sie noch demütig und schüchtern und tun so, als ob sie kaum einzutreten wagten; wenn wir sie aber hereinlassen, dann werfen sie uns hinaus«[52]. Wenige Jahre später, im Ketzeredikt von 1184, wurde das Verbot dadurch verschärft, daß man jetzt die Laienpredigt, also die Predigt ohne bischöflichen Auftrag, als erstes und wichtigstes Kriterium der *Ketzerei* herausstellte[53]. Das Predigen derer, die nicht dazu ordiniert waren, wurde also nicht als Verstoß gegen die kirchliche Ordnung, sondern als Ketzerei gebrandmarkt. Und diese Ketzerei wurde mit unerbittlicher Härte verfolgt und ausgerottet. Die Inquisition und die Kriege in Südfrankreich gegen die Waldenser und Albigenser mit all ihren Schrecken und Grausamkeiten dienten der Durchführung dieser Verordnung.

Die Waldenser beriefen sich nach Überzeugung der Hierarchie zu unrecht auf den Heiligen Geist. Demnach sind nicht die ketzerischen Wanderprediger die wahren Geistträger, sondern ganz im Gegenteil die Priester, die Bischöfe und vor allem der Papst. Nicht durch ein Leben in Armut bezeugt sich der Geistbesitz, sondern er wird durch den Empfang der *Weihe* verliehen. Darum können die Amtsträger und sie allein den Titel *Geistliche* für sich beanspruchen, denn der Geist wird durch Amt und Ordination verliehen. Dem Papst allein gelte das Wort: »Der geistliche Mensch urteilt über alles, über ihn aber vermag niemand zu urteilen« (1 Kor 2,15). Er sei der geisterfüllte Mensch schlechthin. Die Amtsträger, nicht die Armen sind die wahren *Geistlichen*. Die Nicht-Amtsträger dagegen sind die *Fleischlichen*.

Im Kampf um die Laienpredigt sind die Laien unterlegen, obwohl das Predigtverbot für Laien in seiner Schroffheit nur im 13. Jahrhundert durchgeführt wurde und dann eine gewisse Öffnung und Interpretationsmöglichkeit erfuhr. Aber das Bild des Laien, das sich hier ausdrückte, blieb auch weiterhin erhalten. Der Laie erschien von jetzt ab als der *vir saecularis*, der dem weltlichen Bereich verhaftete Mensch, der in die Kirche nicht hineinreden darf und in ihr nichts zu sagen hat. Er ist der *vir subditus*, jener, der dem Geistlichen unterworfen ist, auf ihn zu hören und ihm zu gehorchen hat und der vom Klerus beurteilt und gerichtet wird. Und letztlich ist er der *vir illitteratus*, der Ungebildete, der

Analphabet. Rolf Zerfaß, der den Streit um die Laienpredigt im Mittelalter eindringlich dokumentiert hat, kommt zu dem Ergebnis, »die Geschichte der Amtstheologie ist eine Geschichte der Sieger«[54], die Laien waren die Unterlegenen. Ob W. Brandmüller recht hat, wenn er diese Geschichte der Sieger als *Manifestation des Gottesgeistes* versteht, »da eine legitime kirchliche Entwicklung nicht gut gegen den in der Kirche als deren innerstes Lebensprinzip wirksamen Heiligen Geist denkbar ist«[55]? Es will scheinen, daß in der Aufspaltung der Kirche als Volk Gottes und in der Abwertung der Laien doch wohl eher andere Geister am Werke waren als der Heilige Geist. Die Tatsache, daß in der Kirche und ihrer Geschichte letzlich der Heilige Geist wirkt, schließt keineswegs aus, daß die Kirche immer auch eine Kirche der Sünder ist, daß sie, auch wenn sie nicht als ganze den Glauben als solchen preisgibt, dennoch in manchen Einzelfragen und in manchen ihrer Vertreter vom rechten Pfad abgewichen ist und wohl auch heute noch abweicht[56].

d) Die Bettelorden

Innozenz III., unter dem das Papsttum seine größte Macht und Anerkennung auch als politische Größe fand, wollte die Flügel der Armutsbewegung, die nicht mit der rechten Lehre brachen und die Legitimität der Hierarchie nicht in Frage stellten, in die Kirche integrieren. Auf dieser Basis vermochte *Franz von Assisi* im Frieden mit der Kirche zu bleiben und von ihr anerkannt zu werden. Zunächst paßt Franz mit seinen Ideen lückenlos in die Ketzerbewegung seiner Zeit: er erwählte die »Frau Armut« zu seiner Gebieterin, seiner Herrin, seiner Geliebten. Sie war der Schatz im Acker, den er gefunden hatte, und um dessentwillen er alles verkaufte. Er zog mit seinen Anhängern durchs Land und verkündigte die geliebte Armut, obwohl sie kein Amt bekleideten und kein Studium absolviert hatten. Damit erfüllten sie das wichtigste Kriterium der Ketzerei. Und die Kritik an der Kirche kam bei diesen Predigten nicht zu kurz. Franz pflegte bei seinen Predigtzügen immer »einen Besen bei sich zu tragen, um unsaubere Kirchen auszufegen«[57]. Es gab offensichtlich genug auszukehren, und Franz nahm sich kein Blatt vor den Mund. Und zu allem Überfluß schlossen sich ihm bald auch Frauen an, Klara war die erste. Es war »in der Tat kein wesentlicher und sichtbarer Unterschied zwischen ihrem Auftreten und dem der ›ketzerischen‹ Wanderprediger«[58].

Papst Innozenz III. hat nun aber zugestanden, daß Franz und seine Leute leben durften wie die Ketzer, wenn sie nur nicht lehrten wie die Ketzer. Er versuchte, aus den Wanderpredigern einen Orden zu machen, also die unkontrollierbare Bewegung in eine Ordnung zu fassen, sie zu institutionalisieren und sie damit in den kirchlichen Rahmen zu integrieren. An diesem Punkt war Franz zunächst unerbittlich: er wollte nicht Mönch oder Eremit werden, wollte mit seinen Gefährten keinen Orden bilden. Sie weigerten sich, eine Regel anzuerkennen und sich die Freiheit beschneiden zu lassen, die sie durch ihre Armut gewonnen hatten. Daß Franz sich nicht zum Priester weihen ließ, war nicht allein eine Sache seiner Demut. »Seine Genossenschaft sollte eine von Laien sein, legitimiert durch ein christusförmiges Leben, nicht durch heilige Weihen und durch das Studium der Theologie«[59]. Jeder Standesunterschied zwischen den Brüdern war ihm verpönt. Dennoch war er zuletzt bereit, zusammen mit seinen Gefährten die Tonsur zu empfangen, also Kleriker zu werden. Er hat dem Papst, seine Gefährten haben ihm den Gehorsam gelobt. Dies war der Preis für die Anerkennung. Damit war aber der erste und entscheidende Schritt hin in Richtung auf eine Regel getan, und weitere folgten. Nach dem Tod des Poverello wurde aus der Gemeinschaft der Wanderprediger ein Orden, der in der Hierarchie, mehr noch in der Theologie der mittelalterlichen Kirche eine mächtige Stellung einnahm, der keineswegs arm und gewaltlos war wie Franz und seine Brüder. Aus der kleinen Brüdergruppe wurde eine weltweite Organisation, ein Orden, ihre Angehörigen wurden zu Klerikern.

Der Aufbruch der Armutsbewegung war damit in hierarchische Kanäle gelenkt. Ein Teil wurde klerikalisiert und damit, obwohl eindeutig aus dem Laientum und in Kritik an der Hierarchie entstanden, aus dem Laienstand ausgegliedert. Die andere Gruppe, die nicht in einem Orden gefaßt werden konnte, wurde aus der Kirche und der Gesellschaft ausgestoßen und verfolgt, ebenso wie die Richtung der Franziskaner, die das Protestpotential des Franziskus und seiner Brüder später wieder zur Geltung bringen wollte.

III. Der Ort der Laien in der mittelalterlichen Ekklesiologie

Die Unterscheidung von Klerus und Laien fand ihre Fundierung auch in der Ekklesiologie. Die Bilder vom einen Volk Gottes bzw. vom einen Leib Christi wurden nun so modifiziert, daß sie nicht mehr die Einheit der Kirche, sondern eine innere Trennung zum Ausdruck brachten. Gegen Ende des 12. Jahrhunderts stellte Stephan von Tournai die Unterschiedenheit der Stände in der Kirche dar unter dem Bild von zwei Volksgruppen: »In derselben Stadt und unter einem einzigen König gibt es zwei Volksgruppen; ihrer Verschiedenheit entsprechen zwei Lebensformen, und diesen zwei Herrsch-Gewalten, eine doppelte Ordnung der Gerichtsbarkeit. Die Stadt ist die Kirche, ihr König ist Christus, die beiden Volksgruppen sind die beiden Stände der Kleriker und der Laien, die beiden Lebensformen sind die geistliche und die weltliche, die beiden Herrsch-Gewalten sind das Priestertum und das Königtum, die beiden Gerichtsbarkeiten die göttliche und die menschliche«[60]. Die Kirche wird zur *einen* Stadt mit *zwei* Völkern. Im 15. und 16. Jahrhundert wird es dann geläufig, die Kirche unter dem Bild von zwei Völkern darzustellen: das eine zeigt hinter dem Papst die Bischöfe, Geistlichen, Mönche, das andere hinter dem Kaiser die Fürsten, Ritter, Bauern, Männer und Frauen. Auch das Bild vom Leib bringt nicht mehr die Einheit zum Ausdruck. Seit dem Ausgang des 11. Jahrhunderts spricht man von der rechten und der linken Seite dieses Leibes und im 14. und 15. Jahrhundert gar von zwei Körpern der Kirche, von denen jeder sein eigenes Haupt habe: einer den Kaiser, der andere den Papst.

Damit war die Einheit des Leibes Christi faktisch bestritten. Man wollte durch diese Vorstellung eine Selbständigkeit der weltlichen Macht, vor allem der königlichen Befugnis, gegen die Ansprüche einer universalen päpstlichen Gewalt verteidigen. Kirchlicherseits wurde dieser Deutung von den zwei Körpern mit Recht widersprochen. Papst Bonifaz VIII. formulierte in seiner Enzyklika *Unam sanctam*: »Daher hat diese eine und einzige Kirche nicht zwei Häupter wie eine Mißgeburt, sondern nur einen Leib und ein Haupt, nämlich Christus und seinen Stellvertreter, Petrus, und dessen Nachfolger«[61]. So berechtigt diese Betonung der Einheit der Kirche war, so sehr litt sie darunter, alleine noch die Funktion zu haben, die päpstliche Suprematie über die weltlichen Mächte zu belegen und nicht mehr die gegenseitige Verwiesenheit und Gemeinschaftlichkeit aller in der Kirche zum Ausdruck zu bringen, die das biblische Bild bezeugt. Klerus und Laien standen einander jetzt von der Grundstimmung her feindlich gegenüber, sie waren Herrscher und Beherrschte, Unterdrücker und um Befreiung Kämpfende. In dem Maße, als sich der Klerus absonderte, konnten sich die Laien nur noch im Gegensatz zu ihm begreifen. Die einen sorgten sich um das Heilige, sie hatten den besseren Teil erwählt, waren die *Geistlichen*, während die anderen als die *Fleischlichen* verstanden und darum auf die weltlichen Angelegenheiten festgelegt wurden.

Für die Laien war die mittelalterliche Entwicklung der Ekklesiologie konsequenzenreich. Selbst wenn es auch gegenläufige Tendenzen gab, die sich mit dieser Abwertung der Laien nicht abfinden wollten und ihr entgegenwirkten, vermochten sie sich doch nur sehr begrenzt durchzusetzen. Faktisch waren nun die Laien all dessen beraubt, was für ihr kirchliches Leben von Bedeutung war. Dies gehörte nun alles dem Klerus an. Alle Aufbrüche, die sich aus der Laienschaft entwickelt hatten, wurden binnen kurzem vom Klerus absorbiert und von ihm allein beansprucht. Das dynamische Element, das aus der Laienschaft gekommen war, wurde innerhalb des Klerus domestiziert. Die Laien dagegen verarmten, religiös wie geistig. Sie waren völlig von dem abhängig, was der Klerus ihnen bot, ganz auf die Versorgung durch ihn angewiesen. Der Klerus beanspruchte nicht nur die Aufgaben, die nach altkirchlicher Ordnung dem Amt in der Kirche zukommen, sondern letztlich alle

Vollmacht und alle Funktionen, beispielsweise auch im Bereich der Bildung.

Von hier aus hat der Begriff Laie nochmals eine Bedeutungsverschiebung und -erweiterung erfahren. Kleriker bezeichnete nun nicht mehr allein den Geistlichen, sondern einfachhin den Gelehrten, den Studierten, den wissenschaftlich Gebildeten. Im französischen und im englischen Sprachgebrauch hat sich das Wort »clerc« bzw. »clerk« im Sinne des Gebildeten, des Literaten, dessen, der Lesen und Schreiben kann, erhalten[62]. Demgegenüber war der Laie der Analphabet. So bezeichnet in unserem alltäglichen Sprachgebrauch der Begriff »Laie« den Nicht-Fachmann, den Dilettanten, jenen, der einer besonderen Ausbildung entbehrt. Laie ist man in all den Bereichen, die man nicht beherrscht, in denen man sich höchstens autodidaktisch gewisse Kenntnisse und Fähigkeiten erworben hat. Im deutschen Verständnis ist der Laie zunächst der Nicht-Fachmann, jener, auf dessen Urteil man sich nicht verlassen, der die gestellten Aufgaben nicht zuverlässig erfüllen kann. Und der »blutige Laie« hat überhaupt keine Ahnung. In diesem Sinn wendet sich ein Buch »nicht allein an die Fachleute, sondern auch an interessierte Laien«. Und die verschiedenen Bildungsgrade sind angesprochen, wenn berichtet wird, »der Laie staunt und der Fachmann wundert sich«. Sei es die Laienbühne, der Laienchor, das Laienorchester, das Laienspiel, der Laienrichter oder der Laienverstand: immer steht im Hintergrund der Mangel (oder auch der Vorzug) fehlender Ausbildung und Fachkenntnis.

D

DER LAIE IN DER KIRCHE DER NEUZEIT

I. Die Anfragen der Reformation

Die Entgegensetzung von Klerus und Laien, verbunden mit dem Überlegenheitsanspruch des Klerus, war eine Problemstellung, auf die die Reformatoren, allen voran Luther, reagierten. Es kann hier nicht die Theologie des kirchlichen Amtes bei Luther in sich dargestellt werden. Zu diesem Fragenkomplex ist in den vergangenen Jahrzehnten eine vielfältige Literatur entstanden[63]. Vor allem im ökumenischen Bereich hat man sich um eine Überwindung der traditionellen Gegensätze bemüht. Dies gelang in einem Maße, daß heute die gegenseitigen Verwerfungen der Reformationszeit auch in der Frage nach dem kirchlichen Amt »nicht mehr zu einer gegenseitigen Verurteilung«[64] der Kirchen nötigen.

Diese Annäherung ist nicht zuletzt dadurch möglich geworden, daß in der katholischen Theologie im Anschluß an das II. Vatikanum die Rückführung aller kirchlichen Wirklichkeit auf den Klerus aufgebrochen wurde, gegen die im 16. Jahrhundert die Reformatoren polemisierten.

Im Gegensatz zur spät-mittelalterlichen Vorstellung vom kirchlichen Amt, so wie sie sich — mehr in der Praxis als in der Theorie — entwickelt hatte, hat *Luther* vor allem die *Einheit* der Kirche und die *Gleichheit* aller Christen betont: »Christus hat nicht zwei, noch zweierlei Art Körper, einen weltlich, den anderen geistlich: ein

Haupt ist, und einen Körper hat er«[65]. Vor jeder Unterschiedenheit ging es Luther um die fundamentale Gleichheit aller Getauften. Er kritisierte, daß man die Kluft zwischen dem Priester und dem Laien größer gemacht hat als die zwischen Himmel und Erde und dadurch die christliche Brüderlichkeit zerstört habe[66]. Er hat damit ein wichtiges Moment der biblischen Aussage neu entdeckt und in den Mittelpunkt seiner Verkündigung gestellt. Diese Gleichheit betonte Luther in der Lehre vom gemeinsamen Priestertum aller Gläubigen[67]. Der Begriff »Priester« wird wie im Neuen Testament auf alle Christen angewandt: alle sind Priester. Das bedeutet aber nach Luther nicht, daß auch alle Glieder der Kirche die gleichen und identischen Aufgaben wahrzunehmen hätten. Vielmehr sind auch für Luther die öffentliche Verkündigung, also die Predigt, und damit zusammenhängend die Sakramentenverwaltung an das kirchliche Amt gebunden. Nur wer rechtmäßig zum kirchlichen Amt berufen ist, steht im Dienst der öffentlichen Predigt und der Spendung der Sakramente. Die Tatsache, daß alle Priester sind, bedeutet nicht, daß darum alle identische Aufgaben hätten und jeder jede Vollmacht ausüben könnte. Es gibt auch für Luther eine von der Aufgabenstellung her gesehene Differenzierung innerhalb des Volkes Gottes. Diese ist allerdings nicht identisch mit der traditionellen Unterscheidung von Priester und Laie.

Auch für Luther gilt, daß das besondere Amt in der Kirche nicht eine Delegation durch die Gemeinde darstellt, so als könnte sich diese ihre Amtsträger bestimmen und ihnen Amt und Vollmacht verleihen. Aber ebensowenig ist es nach Luther möglich, die Gemeinden allein von den Amtsträgern her zu verstehen, so als sei alle Vollmacht ursprünglich in den Händen der Hierarchie, beim Papst und den Bischöfen, und werde von diesen an die Priester und Laien delegiert und könne jederzeit auch zurückgenommen werden. Weder sind die Amtsträger von den Laien noch die Laien von den Amtsträgern her zu verstehen[68].

Trotz dieser Gemeinsamkeiten mit der überkommenen Auffassung, die allerdings nicht selten entstellt oder durch eine fragwürdige Praxis verunstaltet war, ergaben sich an mehreren Punkten sachliche Kontroversen. Zunächst bezeichnete Luther, wie dargestellt, die Amtsträger nicht als »Priester«. Diesen Begriff auf die Amtsträger anzuwenden, beschwor die Vorstellung von der Meßfeier als einem Opfer der Kirche und öffnete damit, wie Luther überzeugt war, heidnischen und jüdischen Opfervorstellungen Tür und Tor. Nach neutestamentlicher Botschaft sind durch das Opfer Christi alle anderen Opfer hinfällig geworden. Die Bezeichnung der Amtsträger als »Priester« schien ihm einen Opferkult vorauszusetzen, der im Neuen Bund kein Recht mehr hat und der letztlich die Einmaligkeit des Opfers Christi in Frage stellt.

Daneben hat Luther das kirchliche Amt als eines und als ungeteiltes verstanden und seine hierarchische Abstufung verworfen. Diese Erkenntnis gewann er aus der Praxis der Alten Kirche, wo zwischen Bischöfen und Priestern noch nicht unterschieden wurde. Diese Einheit im Amt erlaubte es ihm, die Ordination von neuen Amtsträgern durch Priester vornehmen zu lassen. Als sich ihm zunächst keine Bischöfe anschlossen, die Ordination von Amtsträgern in den neu entstehenden Gemeinden sich aber als dringend nötig erwies, berief er sich auf ein Notrecht: weil in der Alten Kirche Bischöfe Priester und Priester Bischöfe waren, sei es auch jetzt legitim, daß Priester Ordinationen vornehmen, damit Amtsträger den Gemeinden Wort und Sakrament reichen können. Damit werde die Apostolizität der Kirche und ihrer Botschaft keineswegs in Frage gestellt. Obwohl Luther das bischöfliche Amt beibehalten wollte, sah er theologisch keinen Unterschied zwischen Priester und Bischof, sondern glaubte im Pfarramt das altkirchliche Bischofsamt verwirklicht. Die Vorrangstellung einer Hierarchie, wie sie sich vornehmlich im Mittelalter herausgebildet hatte, war damit letztlich preisgegeben.

Vor allem aber wandte sich Luther gegen alle Überlegenheitsansprüche des Klerus gegenüber den Laien. Diese sah er grundgelegt in der Lehre vom *sakramentalen*, unverlierbaren *Charakter*, den die Priesterweihe nach überkommener Sicht verleiht. Er deutete diesen als die Behauptung einer ontologischen, seinsmäßigen Überlegenheit des Priesters gegenüber dem Laien, die Begründung eines eigenen, höheren Standes der Kleriker, die eine höhere Stufe der Christlichkeit einnehmen, welche noch dazu unverlierbar ist. Derartige Vorstellungen, die zweifellos vertreten wurden, ohne daß sie den Kern der Lehre vom sakramentalen Charakter ausmachen würden, hat Luther mit aller Entschiedenheit bekämpft[69].

II. Die Antwort des Konzils von Trient und ihre Wirkungsgeschichte

Das Konzil von Trient hat, herausgefordert durch die Reformation, Antworten auf deren tatsächlich oder vermeintlich gestellte Fragen formuliert. Man glaubte durch Luthers Terminologie zum Amtsverständnis das besondere Priestertum geleugnet, so als würde allein durch die Taufe alle Vollmacht in der Kirche verliehen: das Amt der Verkündigung, der Sakramentenverwaltung und der Kirchenleitung, so daß sich niemand im Gehorsam der kirchlichen Hierarchie unterordnen müsse, weil jeder für sich selbst Priester, Bischof und Papst sei. Das Konzil von Trient wollte diese Anfragen ursprünglich durch eine Ekklesiologie, eine Lehre von der Kirche beantworten. Doch es stellte sich heraus, daß dies nicht möglich war, weil die vorbereitenden theologischen Arbeiten nicht geleistet waren. In der mittelalterlichen Theologie gab es nämlich in aller Regel keinen Traktat *De ecclesia*, über die Kirche. So begrenzte das Konzil die Aufgabenstellung und versuchte nur noch, eine Lehre vom kirchlichen Amt zu entwerfen, doch dies erwies sich aus demselben Grund als undurchführbar. Letztlich hat man sich auf die Betonung dessen beschränkt, was man in der Reformation als bezweifelt ansah. Was dagegen nicht in Frage gestellt wurde, worin beide Seiten einig waren, hat man bewußt ausgeklammert: Nicht weil es für unbedeutend gehalten worden wäre, sondern weil kein Anlaß für eine konziliare Festschreibung bestand. Dieser Beschränkung fiel auch eine zunächst geplante, positive Aussage über das allgemeine Priestertum aller Gläubigen zum Opfer. Weil dieses von niemandem bestritten worden war, mußte es vom Konzil nicht eigens betont werden.

Damit blieben aus dem ganzen Bereich der Ekklesiologie zuletzt nur noch Aussagen über das Amt und seine Vollmacht übrig. Der Priester erscheint damit als der Mann der Sakramente, ausgezeichnet durch die Vollmacht der Wandlung und Sündenvergebung, die der Laie nicht hat. Er ist durch das definiert, was ihn vom Laien unterscheidet. Die Priesterweihe verleiht als Sakrament einen unauslöschlichen Charakter, der den Priester unendlich hoch über den Laien erhebt. Sie gliedert ihn ein in die auf göttlicher Stiftung beruhende Hierarchie und gibt ihm Anteil an den Vollmachten und Rechten, die ihr aufgrund göttlicher Einsetzung zukommen. In den *Reformdekreten* des Konzils von Trient ist diese Engführung der Ekklesiologie auf die Amtsvollmacht keineswegs in der gleichen Weise durchgeführt. Vor allem stehen dort Verkündigung und Seelsorge im Zentrum bischöflicher und priesterlicher Aufgaben. Insofern ist Trient insgesamt ausgewogener als die Lehraussagen dieses Konzils. Diese aber haben weitergewirkt und damit im Bereich der theologischen Darlegung zu einer Vertiefung des Unterschieds zwischen Klerus und Laien Anlaß gegeben. Die Priester wurden nun gleichsam in den Himmel entrückt, wenn es beispielsweise im offiziellen *Catechismus Romanus*, der die Beschlüsse des Konzils von Trient für die Pfarrer und die Gemeinden aufbereiten will, heißt, ihr Amt sei »ein solches, daß man sich kein höheres ausdenken kann, daher sie mit Recht nicht nur Engel, sondern auch Götter genannt werden, weil sie des unsterblichen Gottes Kraft und Hoheit bei uns vertreten«[70].

Während bei Luther der Ehestand der höchste Stand der Christenheit ist, denn der Auftrag sich zu vermehren ist das älteste Gebot Gottes, ist nach Überzeugung des Tridentiner Konzils die Ehelosigkeit die höchste Berufung in der Kirche. Sie allein ist dem Klerus angemessen. Der *Catechismus Romanus* argumentiert: »Jetzt, da das menschliche Geschlecht schon vermehrt ist, zwingt nicht nur kein Gesetz jemand, zu heiraten, sondern es wird vielmehr die Jungfräulichkeit aufs höchste empfohlen und einem jeden in der Schrift geraten, weil sie vortrefflicher ist als der Ehestand und größere Vollkommenheit und Heiligkeit in sich schließt«[71]. Diese Konzeption hat mehr zu einem Überlegenheitsanspruch des Klerus gegenüber den Laien beigetragen als die meisten theoretischen Erörterungen.

Die Kirche wird in der Folgezeit zunächst und vor

allem als eine gegliederte Größe, als *Gesellschaft von Ungleichen* bezeichnet. Sie erscheint kaum noch als Gemeinschaft der Glaubenden, aus der gemeinsamen Taufe werden kaum noch Aufgaben und Pflichten hergeleitet. Diese einseitige Rezeption des Konzils von Trient prägte die Ekklesiologie der Neuzeit: Die Differenz wurde ungleich stärker betont als die Gleichheit oder gar die Gleichberechtigung. Als Beleg dafür mögen zwei Beispiele genügen: Im Entwurf zu einer Kirchenkonstitution des I. Vatikanischen Konzils, die allerdings nicht mehr verabschiedet wurde, hieß es: »Die Kirche Christi ist jedoch nicht eine Gemeinschaft von Gleichgestellten, in der alle Gläubigen dieselben Rechte besäßen. Sie ist eine Gesellschaft von Ungleichen, und das nicht nur, weil unter den Gläubigen die einen Kleriker und die anderen Laien sind, sondern vor allem deshalb, weil es in der Kirche eine von Gott verliehene Vollmacht gibt, die den einen zum Heiligen, Lehren und Leiten gegeben ist, den anderen nicht«[72].

Die Aufgabenstellung war klar: auf der einen Seite stand die lehrende, auf der anderen Seite die hörende und gehorchende Kirche. Die Gläubigen sind die wohlbehüteten Schafe, für die ihre Hirten sorgen. Ihre Mitwirkung in der Verkündigung ist darauf beschränkt, das zu »bezeugen, was ihnen von den Hirten gelehrt worden ist«[73].

Diese Konzeption von Kirche fand ihren Niederschlag auch im Kirchenrecht. Dieses war fast ausschließlich Klerusrecht, die Laien kamen kaum vor, erschienen fast nur als Rechtsobjekte, nicht als Rechtsträger. Im repräsentativen Kommentar von Klaus Mörsdorf zum Codex von 1917 heißt es: Die Laien haben »das Recht auf Führung und Leitung, auf Unterricht und Seelsorge (Predigt und Katechese, Empfang der Sakramente und

Sakramentalien, Teilnahme am Gottesdienste, Fürbitten, Gnaden und Ablässe), auf freien Verkehr mit den Hirten, auf Rechtsschutz, auf ein kirchliches Begräbnis. Die Laien haben diese Rechte nach der von der Kirche hierfür aufgestellten rechtlichen Ordnung, z. B. nach ihrer Zugehörigkeit zur Pfarrei und Diözese; sie können der Rechte verlustig gehen durch Straf- oder Ordnungsmaßnahmen der Kirche«[74]. Darüber hinaus wird noch verwiesen auf die Katholische Aktion, auf Rechte und Pflichten christlicher Elternschaft, sowie auf das kirchliche Vereinsrecht, obwohl dies alles nicht speziell für den Laien gilt, sondern auch Kleriker betrifft. Wo die Kirche rechtlich faßbar handelt, tut sie es fast ausschließlich und allein durch den Klerus. Die Laien sind jene, für die der Klerus zu sorgen hat und über die er deswegen Vollmachten ausüben kann. Und selbst dort, wo Laien die Möglichkeit einer aktiven Betätigung eröffnet wird, wie z. B. in der Katholischen Aktion oder in Vereinen und Bruderschaften, hat das Kirchenrecht ängstlich darauf geachtet, daß alle diese Tätigkeiten nur unter Leitung und nach den Richtlinien des Klerus vollzogen werden dürfen. Die Laien hatten letztlich nur das Recht, sich gehorsam vom Klerus geistlich versorgen zu lassen und nach Anweisung der kirchlichen Oberen gewisse, festumrissene Funktionen zu erfüllen. Und wenn einem Priester seine besonderen Rechte in der Kirche entzogen wurden, bezeichnete man diesen Vorgang als »Laisierung«, als »Rückversetzung in den Laienstand«.

III. Ansätze zu einer Neubesinnung auf den Laien im 19. Jahrhundert

Trotz aller theoretischen Untermauerung der Unterordnung der Laien unter den Klerus ließ sich diese Abhängigkeit der Gläubigen letztlich nur so lange aufrecht erhalten, als Bildung, zumindest im philosophischen und theologischen Bereich, dem Klerus vorbehalten blieb. Nicht zufällig hat das Wort »Laie« immer auch die Nebenbedeutung von Nicht-Fachmann. Diese Voraussetzung änderte sich mit der Aufklärung, die Bildung breiteren Kreisen zugänglich machte. Im katholischen Bereich setzte sich diese Tendenz erst mit einer gewissen Verzögerung durch, weil sich die Aufklärung zunächst zumeist kirchenfeindlich profilierte und die offizielle Kirche gegenüber allen modernen Entwicklungen abwehrend oder ablehnend reagierte. Der Syllabus Papst Pius IX. aus dem Jahr 1864 mit seiner Verwerfung aller modernen Strömungen und Ideen, und der Verurteilung aller Bemühungen, die Kirche mit dem Fortschritt auszusöhnen, bildete den Höhepunkt und die Zusammenfassung dieser Gettoisierung der Kirche.

Durch diese Trennung der offiziellen, alle Autorität für sich beanspruchenden Hierarchie von der modernen Welt und Zeit wurden jedoch die Laien fast zwangsläufig zu Repräsentanten der Kirche in der Welt, mit der die Hierarchie keinen Kontakt mehr pflegen wollte. Durch die Beschränkung des Klerus auf den Binnenraum kam es zu einer »Entlassung des katholischen Laien in die Mündigkeit«. Man kann das 19. Jahrhundert geradezu als »das klassische Zeitalter der Laientheologen bezeichnen, denn wo der Klerus versagte, traten nun die Laien in die Bresche«[75]. Auch heute noch geläufig sind Namen wie Franz von Baader, Friedrich Pilgram, Johann Joseph

Görres, Jakob Frohschammer, Eduard Le Roy, Marcel Blondel, Friedrich von Hügel. Sie haben, weithin außerhalb der offiziellen Theologie und Kirche und nicht selten von ihr verdächtigt, die Auseinandersetzung mit der Philosophie und der nicht-katholischen Theologie ihrer Zeit gesucht und sich den sozialen Problemen dieses Jahrhunderts gestellt. Sie haben Antworten formuliert, die für uns heute oft noch programmatische Bedeutung haben. Als Laien hatten sie es leichter, einer kirchlichen Maßregelung zu entgehen, als Kleriker, denen Abweichungen von den offiziell vertretenen Bahnen und Formulierungen in diesen Jahrzehnten kaum zugestanden wurden. Insofern gehören gerade sie zu den »Wegbereitern heutiger Theologie«[76].

Doch auch in der Fachtheologie gab es Ansätze, die Stellung des Laien neu und anders zu bestimmen, als dies offiziellerweise geschah. So bekämpfte J. A. Möhler die Entgegensetzung von Klerikern und Laien, die ihm »unbewußt und ungewollt eine gehässige Herabwürdigung des gläubigen Volkes« zu sein schien. Die Konzentration der Kirche auf den Klerus karikierte er in dem Satz: »Gott schuf am Anfang die Hierarchie, und für die Kirche ist bis zum Weltende mehr als genug gesorgt«. Möhler bemühte sich, »dem Wort ›Laie‹ gegenüber dieser mit dem hierarchischen Kirchenbegriff gegebenen Herabwürdigung einen neuen Klang zu geben. Laie ist für ihn ein christlicher Ehrenname. Denn die Laien haben die Würde des allgemeinen Priestertums«[77].

Dies bedeutet keine Isolierung der Laien vom Klerus, sondern es ist bestimmt von der Sicht, daß jeder das in die Kirche einbringe, was ihm an Gnadengaben zuteil geworden ist. »Zwei Extreme im kirchlichen Leben sind aber möglich, und beide heißen Egoismus; sie sind: wenn *ein jeder* oder wenn *einer* alles sein will; im letzten

Fall wird das Band der Einheit so eng und die Liebe so warm, daß man sich des Erstickens nicht erwehren kann; im erstern fällt alles so auseinander, und es wird so kalt, daß man erfriert; der eine Egoismus erzeugt den andern; es muß aber weder einer noch jeder alles sein wollen; alles können nur alle sein, und die Einheit aller nur ein Ganzes. Das ist die Idee der katholischen Kirche«[78].

In seiner romantisch-organischen Sicht definiert Möhler die Kirche als »ein großartiges Ganzes, verbunden durch den selben Glauben und die selbe Liebe, wo ein Glied dem andern zu Hilfe eilt, wo die Gläubigen vor dem Bischof stehen nicht wie Sklaven vor den Despoten, weil der Bischof sich nicht als ihr Herr, sondern als der Diener des ihm anvertrauten gläubigen Volkes fühlt«. Kirche ist hier eine Gemeinschaft, nicht eine Gesellschaft Ungleicher. »Die Laien sind nicht mehr die Lakaien der christlichen Herren, sondern bilden ein königliches Priestertum, von dem der Klerus selbst ein Glied ist«. Im Zentrum Möhlerscher Ekklesiologie steht nicht die Differenz, sondern »was Klerus und Gläubigen gemeinsam ist«. Angeregt von der romantischen Idee des Volksgeistes werden hier die Unterschiede der Stände durch »das alle Unterschiede der Gläubigen übergreifende Gemeinsame« umfangen[79].

Den wohl wichtigsten Beitrag zu einer neuen Sicht des Laien in der Kirche im 19. Jahrhundert lieferte *J. H. Newman* mit seinem Essay: »Über das Zeugnis der Laien in Fragen der Glaubenslehre« aus dem Jahr 1859[80]. Schon in seiner »Idea of a University« hatte er mit Nachdruck gefordert, Katholiken den Zugang zur Bildung und zur modernen Welt der Wissenschaft, auch zur philosophischen und theologischen Wissenschaft zu eröffnen. Katholiken sollten die Befähigung zu einem eigenständigen Urteil gewinnen und dadurch zu selbständig denkenden und sprechenden Partnern des Klerus werden, und das auch in kirchlichen Angelegenheiten. Dadurch werden die Laien, wie Newman nun ausführte, fähig zu einem genuinen Glaubenszeugnis. Die Kirche darf keineswegs auf den Klerus reduziert werden, denn »jedes lebenswichtige Glied der Kirche hat seine besonderen Aufgaben und kein Glied kann ohne Schaden vernachlässigt werden« (S. 290). Auch das Festhalten an der rechten Lehre, das allgemein als die Aufgabe der Hierarchie angesehen wird, muß durch die Kirche als ganze geschehen. Newman gibt dafür eine historische Beweisführung anhand der Auseinandersetzungen um den Arianismus und das Konzil von Nizäa im Jahre 325. Er stellt die These auf: Das Dogma von Nizäa, also die Lehre von der Gottheit Jesu, wurde »während der größeren Hälfte des 4. Jahrhunderts nicht durch die unerschütterliche Festigkeit des römischen Stuhles, der Konzilien oder Bischöfe, sondern durch den ›consensus fidelium‹ aufrechterhalten« (S. 273).

Eine ausführliche historische Beweisführung führt zu dem Ergebnis, »daß in dieser Zeit der ungeheuersten Verwirrung das erhabene Dogma von der Göttlichkeit unseres Heilands weit mehr von der ›Ecclesia docta‹[81] als von der ›Ecclesia docens‹ verkündet, bekräftigt, behauptet und (menschlich gesprochen) bewahrt wurde; daß die Gesamtheit des Episkopates als Körperschaft ihrem Amte untreu war, während der Laienstand als Ganzes seiner Taufgnade treu blieb; daß zu einer Zeit der Papst, zur anderen ein Patriarch, ein Metropolit oder ein anderer Inhaber hoher Bischofssitze und wieder zu anderen Zeiten allgemeine Konzilien sagten, was sie besser nicht gesagt hätten, oder taten, was die geoffenbarte Wahrheit verdunkelte und bloßstellte, während auf der anderen Seite das christliche Volk es war, das mit Beistand der Vorsehung die kirchliche Stärke eines Athanasius, eines Hilarius, eines Eusebius von Vercellae bildete, sowie anderer großer einsamer Bekenner, die ohne sie hätten scheitern müssen« (S. 271 f.). Sogar in der ureigensten und zentralsten Aufgabe der Kirche, im Bleiben in der Wahrheit, hat also, wie die Geschichte zeigt, die Hierarchie schon versagt, haben die Laien gegen die Kleriker Glaube und Kirche gerettet. Die Laien haben also ein Recht, Zeugnis von ihrem Glauben zu geben, und in der Kirche als ganzer muß es gehört werden, soll nicht Wesentliches verloren gehen.

Newman schließt den Aufsatz: »Ich denke, daß die ›Ecclesia docens‹ sicher glücklicher ist, wenn sie solch begeisterte Anhänger um sich hat, wie es hier dargestellt ist, als wenn sie die Gläubigen vom Studium ihrer göttlichen Lehren sowie vom Mitfühlen mit ihren heiligen Betrachtungen fernhält und von ihnen nur eine ›fides implicita‹ (einen eingeschlossenen Glauben) an ihr Wort haben will, was bei den Gebildeten mit Indifferenz und bei den Armen mit Aberglauben enden wird« (S. 292).

Diese Aussagen über das Recht der Laien, mehr noch über das Versagen der Hierarchie, haben Newman schwere Verdächtigungen eingetragen. Dazu kamen seine Ausführungen über die Bedeutung des Gewissens, wo er angesichts des I. Vatikanums äußerte: »Zuerst das Gewissen, dann der Papst«. Viele Jahre lebte er »unter der Wolke« des Mißtrauens. Zur Zeit des Konzils der Papstdogmen kamen derartige Formulierungen höchst ungelegen. Newmans kirchenpolitischer Gegenspieler, Bischof Talbot, gab auf die Frage: »Welches ist der Aufgabenbereich der Laien?« die Antwort: »Zu jagen, zu schießen, sich zu unterhalten. Diese Dinge verstehen sie, aber sich in kirchliche Angelegenheiten zu mischen, dazu haben sie kein Recht«[82]. Und selbst Bischof Ullathorne, Newmans Freund, schaute wehmütig auf eine angeblich bessere Vergangenheit zurück, als er klagte: »Unsere Laien waren eine friedliche Schar . . . Sie hatten einen tiefen Glauben«[83]. Die Öffnung theologischer Bildung für Laien, die Betonung der freien Gewissensentscheidung hatten eine Welt zerstört, wo man friedlich getrennt war und einer dem anderen nichts hineinreden konnte, jedenfalls nicht der Laie dem Klerus.

Kämpferischer als Newman vertrat *Ignaz von Döllinger* sein Konzept von der Mitwirkung der Laien in der Kirche. Angesichts offensichtlicher Mißstände bemühte er sich auf dem I. Vatikanum, die öffentliche Meinung gegen das Konzil zu mobilisieren. Ein Konzil ist ökumenisch nicht durch die Berufung, auch nicht durch die Teilnahme von zahlreichen Bischöfen, sondern erst dann, wenn es in der Kirche als ökumenisch rezipiert wird. Die Kirche als ganze und damit auch die Laien haben somit nach Döllingers Überzeugung ein letztes Wort über die Verbindlichkeit einer Kirchenversammlung mitzureden. Döllinger forderte nicht eine nachträgliche Ratifizierung der Konzilsbeschlüsse[84], sondern die Prüfung der Frage, ob eine Kirchenversammlung ein ökumenisches Konzil war oder nicht. Sind gewisse Mindestforderungen an freier Meinungsäußerung, an Übereinstimmung mit dem überlieferten Glauben und mit der Überzeugung der Gläubigen nicht gegeben, dann war eine derartige Versammlung eben kein ökumenisches Konzil, sondern, wie man in der alten Kirche sagte, eine »Räubersynode«. Döllinger war überzeugt, daß beim I. Vatikanum die Bedingungen nicht erfüllt waren, die eine Bischofsversammlung zu einem Konzil machen. Darum wollte er, teilweise auch mit pseudonymen

Schriften[85], die Öffentlichkeit über die Vorgänge in Rom aufklären, um dadurch die Anerkennung des I. Vatikanums als Konzil und die Rezeption seiner Beschlüsse als Dogmen zu verhindern. Es schien ihm ganz ausgeschlossen, daß die Gläubigen, vor allem in Frankreich und Deutschland, namentlich die historisch Gebildeten, sich den Definitionen beugen würden. Er war überzeugt, daß sie binnen kurzem als der Tradition und dem Glauben der Kirche widersprechend zurückgenommen würden. Er erstrebte aber nicht, wie manchmal behauptet, eine nachträgliche Revision der Konzilsbeschlüsse bzw. ihre Ratifizierung durch Laien, wohl aber die Nicht-Rezeption der Vatikanischen Versammlung als Konzil. »Zeugnis ablegen, Wünsche aussprechen, auf die Bedürfnisse der Kirche hinweisen, kann und darf jeder, auch der Laie.« Wird in einem Konzil gegen die Tradition entschieden, »dann ist der sich erhebende Protest der Laien ein ebenso gerechter als notwendiger, ein unvermeidliches Zeugnis der Anhänglichkeit an den ihnen überlieferten Glauben, und sie erfüllen damit eine Pflicht gegen die Kirche«[86]. Eine Entscheidung gegen den Glauben des Volkes Gottes kann darum kein Dogma sein.

Die Mehrheit des I. Vatikanischen Konzils folgte anderen Ratgebern. Man hat den Konsens der Kirche als Bedingung für die päpstliche Unfehlbarkeit geradezu verneint und formulierte, er sei für eine verbindliche Lehrentscheidung des Papstes nicht erfordert. Allerdings richtet sich dieser Satz des I. Vatikanums, der keineswegs eindeutig ist und darum eine Fülle von Interpretationsproblemen aufgibt[87], weniger gegen einen Konsens, also gegen eine Mitsprache der Laien, als bereits gegen eine Mitsprache der Bischöfe und des Konzils. Sicher aber wollten zumindest manche Kreise des Konzils, und

Papst Pius IX. dürfte zu ihnen gehört haben, jede Mitsprache in der Kirche ausschließen, zu allererst die der Laien.

IV. Die katholischen Verbände und die soziale Frage

a) Die Kontroverse um den »Amerikanismus«

Am deutlichsten wurde die Forderung der Laien, aus eigener Verantwortung und unabhängig von Weisungen des Klerus als Christen zu leben und die Welt zu gestalten, im Bereich der Gesellschaft und der Politik erhoben. Dies wurde zunächst in Nordamerika deutlich, wo *Isaak Hecker* (1819–1888) eine Neuorientierung der Kirche propagierte, damit sie mit ihrer Botschaft unter den besonderen Bedingungen der amerikanischen Gesellschaft Fuß fassen und an Überzeugungskraft gewinnen könne. Er war überzeugt, daß die Respektierung der Menschenrechte und der demokratischen Grundordnung die Voraussetzung für ein erfolgreiches Apostolat in den USA sei. Er forderte darum eine größere individuelle Freiheit gegenüber der kirchlichen Autorität, einen engen Anschluß der Kirche an die nationale Kultur und ihre Eigenheit, eine stärkere Betonung der »natürlichen und aktiven Tugenden« gegenüber den als »übernatürlich« bezeichneten Tugenden Gehorsam und Demut. Nicht durch die Betonung der Gehorsamspflicht gegenüber der Hierarchie, sondern durch die Entlassung eines jeden Gläubigen in die freie Gewissensentscheidung und den Einsatz für die Welt könne die Kirche in Amerika Fuß fassen. »Was uns heute not tut, sind Männer, opferwillig wie die ersten Märtyrer. Wir werden sie in dem Maße haben, als die Katholiken sich einen Geist der Unabhängigkeit und persönlichen Überzeugung bilden ... Die Intelligenz und die Freiheit sind, menschlich gesprochen, das günstigste Erdreich, um eine tiefe persönliche Überzeugung der religiösen Wahrheiten entsprossen zu lassen und um den Gehorsam gegen die inneren Regungen eines erleuchteten Gewissens zu wekken«[88]. Diese Ideen von Freiheit, Demokratie, persönlicher Gewissensentscheidung und aktiver Gestaltung der Welt wurden von Papst Leo XIII. in einem Schreiben an Kardinal Gibbons im Jahr 1899 als »Amerikanismus« bezeichnet und aufs entschiedenste verurteilt. Dieser Vorgang rief in Amerika derartige Unruhe unter den Katholiken hervor, daß sich der Papst genötigt sah, gegenüber Kardinal Gibbons zu erklären: »Diese Lehre, die ich wohlüberlegt als extravagant und als absurd bezeichne, dieser ›Amerikanismus‹, wie sie genannt worden ist, hat mit den Ansichten, den Hoffnungen, der Lehre und dem Verhalten der Amerikaner nichts gemeinsam. Ich glaube nicht, daß im ganzen Land ein Bischof, ein Priester oder sogar ein Laie mit einer Kenntnis seiner Religion gefunden werden kann, der solche Ungeheuerlichkeiten jemals geäußert hat. Nein, das ist nicht — es ist nie gewesen und wird nie sein — unser Amerikanismus«[89].

b) Der Konflikt um den »Sillon« in Frankreich

Wesentlich schärfer wurde die Auseinandersetzung 10 Jahre später im sogenannten Modernismusstreit. Hier begannen die Kontroversen in Frankreich, wo sich 1877 eine republikanische Mehrheit gebildet und die Ära des *Laizismus* durchgesetzt hatte. Dieser intendierte eine völlige Ausschaltung der Kirche aus dem politischen

Bereich und wollte eine Republik ohne Gott verwirklichen. Dazu wurden den Bürgermeistern Aufsichtsrechte über den Gottesdienst übertragen, die Ehescheidung wurde ermöglicht, das Zivilbegräbnis dem kirchlichen gleichgestellt. Schwestern wurden aus den Krankenhäusern, Geistliche aus Wohlfahrtsausschüssen entfernt. Der Religionsunterricht wurde aus dem Volksschulprogramm gestrichen, der private Religionsunterricht durfte nicht im Schulgebäude abgehalten werden. Man wollte die Nation »aus dem klerikalen Joch befreien«. Angesichts dieser kirchenfeindlichen Politik schlossen sich die Katholiken in eigenen Verbänden zusammen. Von besonderer Bedeutung wurde die von *Marc Sagnier* begründete Bewegung, die sich nach ihrer Zeitschrift *Sillon* (d. h. Furche) nannte. Sagnier, ein Laie, widmete sein Leben der Erweckung des Katholizismus unter Studenten und jungen Arbeitern und stellte seine charismatische Führungskraft in den Dienst dieser Aufgabe. Dieses Ziel wollte er durch die Übernahme der demokratischen Ideale befördern. »Das Volk ist ungläubig oder wenigstens unkirchlich, dabei aber ganz und gar demokratisch gesinnt. Diesem Volk darf also, soll es wieder bewußt christlich oder katholisch werden — die Voraussetzung auch der sozialen Wiedergeburt — nicht ausschließlich autoritativ« begegnet werden[90]. Die Bewegung fand erheblichen Zulauf aus allen Gesellschaftsschichten mit Ausnahme des Adels, der der Demokratie noch immer ablehnend gegenüberstand und die Rückkehr zur Monarchie forderte. Auf dem Nationalkongreß des Sillon 1910 versammelten sich mehr als 10 000 Menschen.

Zunächst fand dieser Neuaufbruch auch römisches Wohlgefallen. Dies änderte sich, als sich die demokratischen Ideen des Sillon aus eigener Dynamik weiterentwickelten und die auf Autorität und Gehorsam gegründete alte Ordnung nicht mehr unbefragt akzeptiert wurde. In der Umgebung von Sagnier wurde erklärt, der Sillon sei nicht eine »katholische Gruppe«, sondern eine »Gruppe von Katholiken«, die sich mit rein weltlichen Dingen befasse. Um ihre diesseitigen Aufgaben erfüllen zu können, wollten sie aus den Kraftquellen des Glaubens schöpfen. Sagnier war von der Verwandtschaft von Christentum und Demokratie überzeugt. Die beste Weise, »der christlichen Sache zu dienen, besteht darin, die Demokratie zu entwickeln ... Erst die Demokratie wird uns mehr Brüderlichkeit, mehr Solidarität, mehr Liebe geben; sie wird uns Christus näher bringen« (S. 355). Aus den Dogmen allein dagegen lassen sich keine unmittelbaren Konsequenzen für die politische Gestaltung der Gesellschaft gewinnen. Darum kann der Katholik in rein weltlichen Bereichen nicht unmittelbar der kirchlichen Autorität unterworfen sein.

An diesem Punkt entzündete sich die Kontroverse mit Rom. Offensichtlich herrschte die Furcht, derartige Demokratisierungstendenzen würden auch vor dem kirchlichen Bereich nicht Halt machen, und so ganz hatte man sich mit der Demokratie als staatlicher Ordnung und ihrem Grundsatz der Gleichheit aller eben noch nicht abgefunden. So erfolgte im August 1910 eine Verurteilung und das Verbot des Sillon durch Papst Pius X. In der Begründung heißt es: »An erster Stelle muß der Anspruch des Sillon, sich der Leitung der kirchlichen Autorität zu entziehen, scharf getadelt werden« (S. 337). Es wurde betont, daß eine christliche Demokratie »die Verschiedenheit der Klassen, die sicher die Eigentümlichkeit einer wohlgeordneten Bürgerschaft ist, aufrechterhalten und jene Form und jenen Charakter, den Gott, ihr Urheber, ihr aufgeprägt habe, für die menschliche Gesellschaft erstreben müsse« (S. 339). Sagnier, der im dogmatischen Bereich streng orthodox dachte und die Lehren der Kirche und die Rechte der Hierarchie in keiner Weise in Frage stellte, wurde letztlich verurteilt, weil »die Kurie den Laien keine volle Selbständigkeit im politischen und sozialen Bereiche zugestehen« wollte (S. 349).

c) Rom und die »Christlichen Demokraten« in Italien

In Italien stellte sich die Lage insofern anders dar, als das junge Königreich auf der Zerstörung des Kirchenstaates beruhte und die römische Kurie, die den Anspruch auf den Kirchenstaat nach wie vor erhob, das neu entstandene Staatsgebilde bedingungslos verwarf. So war es Katholiken verboten, sich in der nationalen italienischen Politik zu betätigen oder auch nur an Wahlen teilzunehmen. Dies und die besonders im früheren Kirchenstaat trostlose Lage der Arbeitermassen führte zu einer radikalen Kirchenfeindschaft der liberalen und sozialistischen Kreise. Unter den sozial gesinnten Katholiken ragte besonders hervor der römische Priester *Romolo Murri*. Er versuchte, die Errungenschaften der modernen Kultur und die nach seiner Überzeugung berechtigten Ansprüche des Sozialismus und der Demokratie mit der Kirche zu versöhnen, also Sozialismus und Demokratie zu katholisieren und den Katholizismus mit dem Geist des Sozialismus zu durchdringen. Durch seine Bemühung entstand eine Bewegung, bald *Christlich-Soziale*, bald *Christliche Demokraten* genannt, die sich aktiv an der politischen Gestaltung Italiens beteiligte. Seitens der Hierarchie versuchte man, die *Christlichen Demokraten* dem *Opera dei congressi* ein- bzw. unterzugliedern, einer kirchlichen Organisation, die die soziale

Frage ausschließlich mit karitativen Mitteln lösen wollte. Die Kirche habe, so die Konzeption, die Aufgabe, der Volkswohlfahrt allein mittels der Fürsorge zu dienen, politische Optionen oder gar Entscheidungen für Parteien dürfe sie nicht treffen. Konkret wurde von der Bewegung der *Christlichen Demokraten* verlangt, ihre Zeitung der bischöflichen Zensur zu unterstellen. Ihre Anhänger sollten sich merken, daß sie ihren Hirten zu folgen, nicht ihnen voranzugehen haben (S. 284).

Unter Papst Pius X. trieb die Kontroverse zwischen der Bewegung, die sich nun *Democrazia cristiana italiana* (DCI) nannte, und dem heiligen Stuhl einer Katastrophe entgegen. Der Papst erblickte im Verhalten Murris und seiner Anhänger einen *praktischen Modernismus*, den zu zerstören er als die wichtigste Aufgabe seines Pontifikats ansah. Es war mit seinem Autoritätsverständnis nicht zu vereinbaren, daß Gläubige oder gar Priester in Organisationen wirkten, in denen Christen aus eigener Verantwortung und eigener Initiative politisch handelten. So verfügte der Papst in einer Enzyklika aus dem Jahr 1906: »Um einen festen Damm der Überflutung durch solche Ideen und der Verbreitung des Unabhängigkeitsgeistes entgegenzusetzen, verbieten Wir kraft Unserer Autorität von heute an absolut allen Klerikern und Priestern, irgendeiner Gesellschaft, die nicht von den Bischöfen abhängig ist, beizutreten« (S. 291).

Murri wurde vorgeworfen, sein Grundsatz der Unabhängigkeit in politischen Dingen sei irrig, der von ihm aufgestellte Gehorsamsbegriff falsch (S. 293). Als er sich nicht bedingungslos unterwarf, wurde er 1907 suspendiert, zwei Jahre später exkommuniziert. Mögen bei seiner Exkommunikation Gründe religionsphilosophischer und theologischer Art mit ausschlaggebend gewesen sein — seine Suspendierung erfolgte jedenfalls wegen seines Engagements in einer sich christlich und katholisch verstehenden, aber von der Hierarchie unabhängigen Partei. Es ist eine Tragik, daß der Gründer der *Democrazia cristiana italiana*, aus der die heutige *Democrazia cristiana* in Italien hervorgegangen ist, wegen dieser seiner politischen Betätigung der schwersten Kirchenstrafe verfiel. Der Papst war bestimmt von der Angst, durch die politische Selbständigkeit würde man, wie es in der Enzyklika »Pascendi dominici gregis« von 1907 gegen den Modernismus heißt, »das Laientum als Prinzip des Fortschritts in die Kirche einschmuggeln«, es könne die Forderung erhoben werden, auch in der Kirche müsse »der niedere Klerus und ebenso die Laienwelt ihren Anteil am Regiment erhalten, und die über alles Maß zentralisierte Autorität dezentralisiert werden«[91].

d) Der Gewerkschaftsstreit in Deutschland

In Deutschland verliefen die Auseinandersetzungen weniger dramatisch. Hier hatten sich zwei Gruppen von katholischen Organisationen herausgebildet, die sich jeweils auf ihre Weise der politischen und sozialen Fragen annahmen: auf der einen Seite die liberal-demokratische *Kölner Richtung*, auf der anderen Seite die patriarchalisch-integralistische *Berlin-Breslauer Richtung*. Zur ersten Richtung gehörten die Zentrumspartei, der Volksverein, die christlichen Gewerkschaften, auf der anderen Seite stand der Verband der katholischen Arbeitervereine. Bei der Mehrzahl der politisch und sozial aktiven Katholiken hatte sich die Überzeugung durchgesetzt, daß angesichts der Herausforderung der antikirchlich-liberalen und sozialistischen Parteien und Gewerkschaften die christliche Idee nicht mittels katholischer Sondervereine durchgesetzt werden könne, sondern daß es zu diesem Zweck überkonfessioneller Vereinigungen bedurfte, wie sie das Zentrum und die christlichen Gewerkschaften sein wollten. Im Süden und im Westen Deutschlands wurde diese Idee auch von den Bischöfen mitgetragen, nicht so im Norden und Osten. Die Katholiken in diesen Organisationen standen treu zu ihrer Kirche, ließen sich aber im politischen Bereich von den Bischöfen keine Direktiven geben.

Um die konfessionelle Ausrichtung, vor allem aber um die Unterordnung dieser Organisationen unter die Hierarchie gab es erbitterte Auseinandersetzungen. *Kardinal Kopp* von Breslau, der Vorkämpfer der ultramontanen Richtung meinte, »daß das ›Hochland‹ die gebildeten Kreise dekatholisiere, während der Volksverein durch seine Arbeiten für die Gewerkschaften diese Arbeit bei den niederen Kreisen besorge«. Als die Vorstandschaft des Zentrums einstimmig die Erklärung abgab: »Die Zentrumspartei ist grundsätzlich eine politische, nicht konfessionelle Partei«, wuchs der Widerstand bei Papst Pius X. Der Historiker Pastor notierte 1907 nach einer Papstaudienz: »Ich merke deutlich, daß der Papst auch mit der von dem deutschen Zentrum beanspruchten absoluten Unabhängigkeit von jeder kirchlichen Autorität nicht einverstanden ist. In der Tat wird solche politische Unabhängigkeit nur zu leicht auf das kirchliche Gebiet ausgedehnt«[92]. Daß es in diesen Kontroversen letztlich nicht um das Problem des Interkonfessionalismus ging, wie manchmal behauptet, sondern im Grunde um die Frage der Unabhängigkeit und Freiheit der Katholiken von hierarchischer Führung, zeigt Bischof *Korum*, zusammen mit Kopp Vorkämpfer des

Integralismus: »Auch wenn die Gewerkschaften nur katholische Mitglieder aufwiesen, die Leitung aber einem Arbeiter zuwiesen, müßten wir sie bekämpfen. Alles kommt darauf an, daß die katholischen Geistlichen die katholischen Arbeiter in der Hand behalten«[93].

Mehrere Äußerungen aus der Umgebung des Papstes, die eine Verurteilung von Zentrum und christlichen Gewerkschaften vorzubereiten schienen, führten in der deutschen Öffentlichkeit zu einer solchen Erregung, daß Rom von diesem Schritt absah. Die Enzyklika *Singulari quadam* vom 24. September 1912 bezeichnete die christlichen Gewerkschaften zwar als nicht wünschenswert, aber doch tolerabel, während die rein katholischen Arbeitervereine mit Lob ausgezeichnet wurden. Sie gelte es in erster Linie anzustreben. Die christlichen Gewerkschaften dagegen seien zu dulden, »weil sie eine viel größere Zahl von Arbeitern umfassen als die rein katholischen und weil große Nachteile entstünden, wenn dies nicht erlaubt würde«[94]. Der Ausbruch des Ersten Weltkriegs ließ diese Kontroverse abklingen.

V. Die Antwort der Päpste: Die Katholische Aktion

Papst Pius X. war, trotz aller bisher zitierten Äußerungen, der Aktivierung von Laien keineswegs abgeneigt, sondern förderte sie aktiv. In einem Gespräch, das der Papst mit einigen Kardinälen führte, soll er einmal die Frage aufgeworfen haben: »›Was ist heute für das Heil der Gesellschaft am allernotwendigsten?‹ ›Der Bau von Schulen‹, antwortete ein Kardinal. ›Nein!‹ ›Mehr Kirchen bauen!‹ erwiderte ein anderer. ›Nein!‹ ›Die Aktivierung der Priesterrekrutierung‹, schlug ein dritter vor. ›Nein! Nein!‹ erklärte der Papst. ›Am wichtigsten ist heute, daß man in jeder Pfarrei über ein Gruppe von erleuchteten, tugendhaften, entschlossenen und wirklich apostolischen Laien verfügen kann‹«[95]. Aktive Laien waren also dringend erwünscht, allerdings sollten sie nicht aus eigener Initiative, sondern im Auftrag und nach der Anweisung des Klerus tätig werden. Ein katholischer Verband, in dem der Priester nur der geistliche Beirat, nicht aber auch der geborene Vorsitzende ist, war diesem Denken letztlich untragbar. So war es nur folgerichtig, daß man von Rom aus versuchte, die bestehenden eigenständigen katholischen Verbände in eine Organisation von oben nach unten umzustrukturieren. Dies geschah in der ersten Hälfte unseres Jahrhunderts in der sogenannten *Katholischen Aktion.*

Papst Pius X. forderte die Eingliederung aller katholischen Vereinigungen in die Katholische Aktion, also auch derer, die sich, wie dargestellt, um nicht-kirchliche, politische oder soziale Belange bemühten. Alle Vereinigungen von Katholiken sollten ausnahmslos die streng hierarchische Ordnung erhalten und der Führerschaft der Hierarchie unterstellt werden. Nach seiner Direktive hat »die ›christliche Demokratie‹ die strengste Verpflichtung, von der kirchlichen Autorität abzuhängen, den Bischöfen und ihren Vertretern die volle Unterwerfung und Gehorsam zu erweisen. Es ist kein verdienstvoller Eifer noch eine aufrichtige Frömmigkeit, an sich schöne und gute Dinge zu unternehmen, wenn sie nicht vom eigenen Hirten gebilligt sind«[96].

Zum Papst der Katholischen Aktion wurde Pius XI. Bei Beginn seines Pontifikats rief er unter Hinweis auf das allgemeine Priestertum aller Gläubigen auf zu einer »emsigen Arbeit für die Ausbreitung und Erneuerung des Reiches Christi«. Dieses Apostolat definierte der Papst als »Teilnahme der Laien am hierarchischen Apostolat«. In ihr und durch sie sollten die Laien ermächtigt und befähigt werden, das Reich unseres Herrn Jesus Christus zu fördern und somit der menschlichen Gesellschaft das höchste aller Güter zu vermitteln. Nachdem wegen der Kirchenfeindlichkeit des Liberalismus, Säkularismus und Sozialismus und wegen des verbreiteten Priestermangels die Priester nicht mehr überall die Verkündigung gewährleisten konnten und damit die Botschaft Jesu vielerorts die Menschen nicht mehr erreichte, hielt es der Papst für notwendig, »daß die katholische Laienwelt nicht müßig dasteht, sondern in enger Verbindung mit der kirchlichen Hierarchie und ihrer Weisungen gewärtig an den heiligen Kämpfen sich beteiligt und mit voller Hingabe ihrer Person durch Gebet und freudig geleistete Tätigkeit mithilft, den Glauben wieder zur Blüte zu bringen und die christliche Sitte wieder zu erneuern«[97].

Die Durchdringung von Staat, Kultur, Wirtschaft und Gesellschaft ist der Kirche nur noch durch die Mitarbeit der Laien möglich. Dies sollte durch die Katholische Aktion geschehen. Wesensmerkmal der Katholischen Aktion war die strenge Unterordnung unter die Hierarchie. Während die Verbände vor allem im 19. Jahrhundert aus Eigeninitiativen von Laien, also gleichsam von unten her entstanden sind, und Laien aus ihrer Eigenverantwortung als Getaufte, als Christen, in Gesellschaft und Politik aktiv wurden, war die Katholische Aktion streng hierarchisch von oben nach unten durchorganisiert. Ihre Zentralkommission »wird geleitet und assistiert, wie alle anderen Kommissionen, durch die Hierarchie, durch den Heiligen Stuhl, durch den Papst, und sie wären ohne diesen einfachen und klaren Rahmen gar nicht denkbar ... Die Zentralkommission muß der ganzen Katholischen Aktion die Richtlinien geben wie das Blut, das vom Zentrum bis in die äußersten Kapillargefäße strömt«[98].

Das katholische Apostolat kann nur in voller Unterwerfung unter die Hierarchie gewährleistet werden, wie es dem Ignatianischen »nichts ohne den Bischof« entspricht. Die Forderung der Unterordnung der Laien unter den Klerus wurde begründet mit der Einheit des Leibes Christi, der Einheit des Apostolats der Kirche und der Notwendigkeit, alle Kräfte zusammenzufassen, um eine wirksame und schlagkräftige Verkündigung zu gewährleisten. Selbst in den Konkordaten, die Pius XI. schloß, wurde diese Abhängigkeit der Katholischen Aktion von der Hierarchie festgelegt. Klassisch wurde die Formulierung Papst Pius' XII., die Katholische Aktion »ist ein Werkzeug in der Hand der Hierarchie, sie soll gleichsam die Verlängerung ihres Armes sein, sie ist darum ihrer Natur gemäß der Leitung der kirchlichen Obrigkeit unterstellt«[99].

In der Praxis haben sich die bestehenden Verbände weithin geweigert, sich dieser Struktur der Katholischen Aktion ein- und unterzuordnen. In Deutschland warb zwar Kardinal *Bertram* für die Idee: »Wie glücklich ist darum der katholische Christ, daß er unter einer *solchen* Hirtenführung wandelt und in treuer Arbeitsgemeinschaft helfend mitwirken darf«[100]. Aber letztlich ließ sich dieses Modell weithin nicht verwirklichen. Männer wie L. Windthorst, E. Lieber, J. Bachem waren bewußte und praktizierende Katholiken, aber sie waren nicht bereit, politische Direktiven von den Bischöfen entgegenzunehmen. Beim Katholikentag 1922 in München kam es zu einem kaum verhüllten Zusammenstoß zwischen Kardinal Faulhaber, der Republik und Weimarer Verfassung verurteilte und — wie es scheint — die Rückkehr zur Monarchie forderte, und dem überzeugten

Demokraten Konrad Adenauer, der sich derartige Direktiven für die Politik verbat[101]. Um dieser Situation zu begegnen, hat Papst Pius XII. von einer gestuften Abhängigkeit der katholischen Verbände von der Hierarchie gesprochen. Die strenge Unterordnung gelte allein für die Katholische Aktion selbst, die das *offizielle* Laienapostolat darstellt. »Andere, organisierte oder auch nicht organisierte Werke des Laienapostolates können in größerem Maße ihrer freien Initiative überlassen werden in dem Umfang, wie es ihre Ziele verlangen«[102]. Doch dies war eher ein Zugeständnis an die begrenzten Möglichkeiten denn innere Überzeugung des Papstes.

Das Prinzip blieb bis weit ins 20. Jahrhundert hinein unangetastet und wurde uneingeschränkt vertreten. Die Hierarchie und sie allein hat alle Vollmacht. Sie übt diese entweder direkt aus, oder delegiert sie an Laien, wo sie nicht selbst aktiv tätig werden kann. Dieser an die Laien delegierte Auftrag bleibt völlig von der Hierarchie abhängig: diese ist die »Erstursache«, die Laien sind »Zweitursachen«[103]. Sie sind sowohl im Empfang, als auch in der Ausübung ihrer Vollmacht ganz und gar von der Hierarchie abhängig. Zieht diese ihre Delegation zurück, ist damit jede Vollmacht erloschen. Das Recht zum christlichen Apostolat hat der Laie einzig und allein durch die Hierarchie verliehen bekommen. Ihr ist der gesamte Auftrag der Kirche innerlich zu eigen, dem Laien kommt er nur zu in Abhängigkeit von der Hierarchie und von ihr delegiert. Darum kann das Apostolat auch nur in der Weise ausgeübt werden, wie es den Direktiven der Hierarchie entspricht. Eine eigenständige, gar eine kritische Form kirchlicher Laienaktivität ist mit diesem Verständnis letztlich unvereinbar. Sie würde nicht nur die Gehorsamspflicht verletzen, sondern im Grunde die gesamte kirchliche Existenz des Laien in

Frage stellen: er müßte gleichsam ontologisch gegen seine kirchliche Existenz leben und wirken.

Von der Sache her macht in dieser Sicht, die im Grunde noch das Pontifikat Papst Pius' XII. prägte, der Klerus allein die Kirche aus. Er hat alles, alle Vollmacht, die der Kirche gegeben ist, ihm fehlt nichts, was die Kirche bestimmt. Die Laien bringen sachlich der Kirche nichts hinzu, was nicht der Klerus alleine und für sich auch schon hätte. So hieß es in einem Grundsatzreferat auf dem ersten Weltkongreß für Laienapostolat im Jahr 1951: »Die Hierarchie göttlicher Einrichtung besitzt auch ohne Mitarbeit der Laien aus sich heraus und ausdrücklich die Mission und die Vollmacht, die sie wirksam in dem ihr eigenen Apostolat gebrauchen könnte, während die Laien aus sich heraus, das heißt unabhängig von der Hierarchie, und formell die Vollmacht absolut nicht besitzen, ein rechtmäßiges und wirksames Apostolat zu verwirklichen«[104].

In dieser Sicht hat der Laie keine in sich selbständige und bestimmbare Existenz in der Kirche. Er ist nur vom Klerus, von der Hierarchie her zu verstehen und muß von ihr her definiert werden: Er ist einfachhin der Nicht-Kleriker. Und so ist es nur folgerichtig, daß in dem repräsentativen Kirchenlexikon von Wetzer und Welte aus dem Jahr 1891 unter dem Stichwort »Laien« lediglich der Vermerk zu finden ist: »siehe Clerus«. Und in dem Artikel über den Klerus, der also auch über den Laien Auskunft geben soll, ließt man: »Ein Laienpriestertum kann im Ernste von niemandem behauptet werden. Es ist ein Zeichen großer Geschmacklosigkeit und exegetischer Verirrung, aus 1 Petr 2,5.9 ein solches konstruieren zu wollen. Es ist klar, daß hier nur von einem uneigentlichen, höchstens sekundären Priestertum der Gläubigen die Rede ist«[105].

Mit diesen Formulierungen hatte eine lange Entwicklung in der Kirche, in der der Laie immer weniger galt und nur noch vom Klerus her bestimmt wurde, ihre Endstufe erreicht. Eine Neubesinnung, die bewußt frühere Konzeptionen aufnahm und an sie anknüpfte, war unvermeidlich.

E

DER LAIE IN DER THEOLOGISCHEN KONZEPTION DES II. VATIKANISCHEN KONZILS UND IHRE WIRKUNGSGESCHICHTE

I. Die Konzilstexte und ihre Deutung

a) Das Bild von der Kirche

Die Aussagen des II. Vatikanums über den Laien in der Kirche werden erst vor dem Hintergrund der Engführung von Kirche auf den Klerus, wie sie noch während des Pontifikats Papst Pius XII. offiziell vertreten wurde, in ihrer Brisanz deutlich. Doch bevor auf die Theologie des Laikates im engeren Sinn eingegangen werden kann, muß zunächst der Rahmen der Ekklesiologie etwas breiter abgesteckt werden. Die Weichen für die Theologie des Laien wurden gestellt in der dogmatischen Konstitution über die Kirche.

Bei der Vorbereitung des II. Vatikanums herrschte zunächst die Tendenz, Kirche in dem Rahmen zu beschreiben, der theologisch und kirchenorganisatorisch geläufig war. Nachdem das I. Vatikanum vor allem die Stellung des Papstes hervorgehoben hatte, sollte dies nun ergänzt werden durch die Betonung des bischöflichen Amtes. Anschließend wollte man über „Die Stände der evangelischen Vollkommenheit« sowie über »Die Laien« sprechen[106]. Dieser Aufriß entsprach der traditionellen ständischen Gliederung der Kirche, wobei das Amt des Priesters allerdings nur unter dem Aspekt der Zuordnung zum Bischofsamt betrachtet wurde. Schließlich hat das Konzil aber der Behandlung dieser Themen zwei Kapitel vorangestellt. Sie sind überschrieben: »Das Mysterium der Kirche« und »Das Volk Gottes«. Bevor die Kirche durch ihre verschiedenen Ämter und Stände geprägt ist und bevor verschiedene Aufgaben voneinander unterschieden werden müssen, ist Kirche etwas Umfassenderes und Größeres: Sie ist Mysterium und sie ist Volk Gottes. Beide Aussagen haben für die Bestimmung des Laien zentrale Bedeutung.

Die Aussage, Kirche sei Mysterium, besagt im Sinn des Konzils nicht, sie sei etwas Rätselhaftes, Unbegreifliches, Dunkles, das unserem Denken von vornherein entzogen ist, an das man nicht rühren darf, das als geheimnisvolle Größe gleichsam über unserem Alltag schwebt. Sie sagt nicht, daß rationale Planung zugunsten vager Utopien hintangestellt werden dürfte. Es soll nicht der Schleier des Geheimnisvollen über konkrete Fragen gelegt und Schuld und Versagen der Kritik entzogen werden. Wenn die Bezeichnung Kirche als Mysterium zur Fluchtburg würde, in die man sich angesichts der drängenden Sorgen, Probleme und Aufgaben zurückzieht, und die man dann mit dem Flair des Unbegreiflichen umgibt, an dem alle Fragen von vornherein abprallen und alle Bemühungen um eine Antwort überflüssig werden, dann wäre der Begriff nicht nur mißverstanden, dann wäre er gefährlich und verhängnisvoll. So hat es das Konzil nicht gewollt und nicht verstanden.

Der Ausdruck Kirche ist Mysterium war lange Zeit umstritten. Manche Konzilsväter sahen darin nämlich eine Annäherung an ein *protestantisches* Kirchenverständnis. Die evangelische Theologie hatte häufig vor allem die unsichtbare Kirche betont und ihre Bedeutung herausgestrichen, die *sichtbare*, konkrete, institutionell faßbare Kirche erschien dagegen als zweitrangig. Man könne durchaus zur unsichtbaren Kirche gehören, auch wenn man sich zur sichtbaren — vor allem wegen deren Sündhaftigkeit — distanziert verhält. Kirche ist nach dieser Interpretation nicht an eine unveränderliche Ordnung gebunden, sie ist vielmehr überall dort verwirklicht, »wo das Evangelium rein gepredigt und die heiligen Sakramente dem Evangelium gemäß gereicht werden«[107]. Die äußere Form jedoch, in der Kirche verfaßt ist, vor allem ihre Ämter und Strukturen, erscheinen in diesem Denken — jedenfalls nach verbreiteter Interpretation — als sekundär und weithin als gleichgültig. Kirche ist nicht eine Institution, sondern sie ereignet sich immer und überall, wo rechte Wortverkündigung und Sakramentenspendung stattfinden. Und dies ist in den verschiedensten Strukturen möglich.

Im Gegensatz zu dieser Tendenz einer Spiritualisierung des Kirchenbegriffs hat sich im katholischen Denken durchgesetzt, vor allem die *Sichtbarkeit* der Kirche zu betonen, ihre äußere, organisatorische Erscheinung, die Hierarchie ins Zentrum zu stellen. Kirche wurde definiert als die Gemeinschaft derer, die getauft sind, den rechten Glauben bekennen und im Gehorsam gegenüber Papst und Bischöfen leben. Die Hierarchie war dabei, wie aufgezeigt, immer wichtiger geworden bis hin zu einer zumindest stillschweigend vorausgesetzten Gleichsetzung von Kirche und Klerus.

Gegenüber diesem Kirchenbild hat das Konzil erklärt, Kirche sei in erster Linie nicht eine Institution mit einer bestimmten Ordnung. Dies ist sie sicher auch, aber zu allererst ist sie Mysterium: eine Wirklichkeit, in der auf geheimnisvolle Weise gegenwärtig ist, was Jesus in die Welt gebracht hat und was in der Kraft seines Geistes weiterhin lebendig bleiben muß. Kirche ist Mysterium, weil sie, wie es im Credo heißt, *communio sanctorum*, Gemeinschaft der Heiligen ist. Zu ihr gehören alle, die Christus zugehören und durch ihn geheiligt sind. Noch vor jeder Differenzierung in verschiedene Stände, Ämter und Funktionen ist hier eine grundlegende Gleichheit aller festgeschrieben. Alle, die in Taufe und Eucharistie am Heiligen Anteil haben, die durch das Wort Gottes geheiligt sind, gehören zu dieser Gemeinschaft. Noch vor jeder Unterscheidung hinsichtlich der Ämter und Aufgaben ist die grundlegende Gleichheit aller betont, die alle Glaubenden und von Christus Geheiligten umfaßt. Insofern diente die Aussage, die Kirche sei ein Mysterium, dem II. Vatikanum dazu, ein rein hierarchiezentriertes Kirchenverständnis zu überwinden.

Dieser Gedanke wurde weitergeführt im zweiten Kapitel der Kirchenkonstitution über *Die Kirche als Volk Gottes*. Hier sei verwiesen auf das, was oben in der biblischen Überlegung zu den Begriffen *laós* und Laie formuliert wurde. In Rückbesinnung auf diese biblische Aussage von der Kirche als Volk Gottes hat das Konzil die Kirche als Gemeinschaft, als Communio aller Gläubigen bezeichnet, sie also nicht nur in den Institutionen, der Hierarchie, den Ämtern verwirklicht gesehen. Die Ämter gehören zur Kirche, aber sie sind nicht die Kirche und sie können sie auch nicht als ganze vertreten und repräsentieren. Der Kirche fehlt sachlich Wichtiges, wenn sie die Laien nicht in den Blick nimmt. Die Volk-Gottes-Theologie des II. Vatikanums will besagen, daß erst alle Gläubigen zusammen die Kirche sind. Die Kirche als Volk Gottes vollzieht nach der Aussage des Konzils in der Welt das priesterliche, prophetische und königliche Amt Christi und setzt es fort. Durch die Aufnahme der ursprünglich reformatorischen Lehre von den drei Ämtern Christi wird deutlich gemacht, daß alle

Vollmacht in der Kirche, also ihre priesterliche, prophetische und königliche Dimension, dem Volk Gottes als ganzem anvertraut ist und von ihm wahrgenommen wird. Speziell über den priesterlichen Charakter aller Gläubigen heißt es: »Christus der Herr, als Hoherpriester aus den Menschen genommen, hat das neue Volk ›zum Königreich und zu Priestern für Gott und seinen Vater gemacht‹. Durch die Wiedergeburt und die Salbung mit dem Heiligen Geist werden die Getauften zu einem geistigen Bau und einem heiligen Priestertum geweiht, damit sie in allen Werken eines christlichen Menschen geistige Opfer darbringen und die Machttaten dessen verkünden, der sie aus der Finsternis in sein wunderbares Licht berufen hat. So sollen alle Jünger Christi ausharren im Gebet und gemeinsam Gott loben und sich als lebendige, heilige, Gott wohlgefällige Opfergabe darbringen; überall auf Erden sollen sie für Christus Zeugnis geben und allen, die es fordern, Rechenschaft ablegen von der Hoffnung auf das ewige Leben, die in ihnen ist«[108]. Diese Aussagen über das Volk Gottes, seinen priesterlichen Charakter, seine prophetische und königliche Vollmacht, stehen in den grundlegenden Aussagen des Konzils über die Kirche, noch vor jeder Differenzierung in besondere Ämter oder Stände. Was hier gesagt ist, gilt für alle Glieder des Volkes Gottes.

b) Die Aussagen der Kirchenkonstitution über den Laien

Das dritte Kapitel behandelt das hierarchische, insbesondere das bischöfliche Amt, das vierte wendet sich »dem Stand jener Christgläubigen zu, die man Laien nennt« (LG 30). Hier wird gleich eingangs betont, es richte sich

»alles, was über das Volk Gottes gesagt wurde, in gleicher Weise (aequaliter) an Laien, Ordensleute und Kleriker« (LG 30). Es gab auf dem Konzil eine Diskussion, ob man nicht den Begriff »Laie« wegen seiner Belastetheit vermeiden solle: er klinge allzu sehr nach Laizismus und Anti-Klerikalismus, er sei negativ geprägt und solle ersetzt werden durch den Begriff »Gläubige«. Das konnte sich nicht durchsetzen. Aber in der Bestimmung des Laien hat man sich bemüht, die überkommene negative Umschreibung zu überwinden, den Laien positiv als Gläubigen, als Getauften und Gefirmten zu charakterisieren. Doch ganz konnte man die negative Definition und Abgrenzung vom Klerus nicht vermeiden. So heißt es: »Unter der Bezeichnung Laien sind hier alle Christgläubigen verstanden mit Ausnahme der Glieder des Weihestandes und des in der Kirche anerkannten Ordensstandes, das heißt die Christgläubigen, die, durch die Taufe Christus einverleibt, zum Volk Gottes gemacht und des priesterlichen, prophetischen und königlichen Amtes Christi auf ihre Weise teilhaftig, zu ihrem Teil die Sendung des ganzen christlichen Volkes in der Kirche und in der Welt ausüben« (LG 31). Die Laien werden also nicht primär als »Nicht-Kleriker« und als zu leitende Herde gesehen, sondern als Glaubende, die durch die Sakramente mit dem dreifachen Amt Christi betraut sind. Damit ist eine umgreifende und *fundamentale Gleichheit* aller grundgelegt: »Gemeinsam ist die Würde der Glieder aus ihrer Wiedergeburt in Christus, gemeinsam die Gnade der Kindschaft, gemeinsam die Berufung zur Vollkommenheit, eines ist das Heil, eine die Hoffnung und ungeteilt die Liebe ... So waltet doch unter allen eine wahre Gleichheit in der allen Gläubigen gemeinsamen Würde und Tätigkeit zum Aufbau des Leibes Christi« (LG 32).

Aus dieser grundlegenden Gleichheit ergibt sich die gemeinsame Berufung aller zum Apostolat der Kirche. »Der Apostolat der Laien ist Teilnahme an der Heilssendung der Kirche selbst. Zu diesem Apostolat werden alle vom Herrn selbst durch Taufe und Firmung bestellt« (LG 33). Entscheidend ist hier das betonte „selbst". Laien haben teil am Apostolat der Kirche selbst, sie sind von Christus selbst dazu berufen. Damit ist das Konzept der Katholischen Aktion, nachdem die Laien nur am Apostolat der Hierarchie Anteil erhalten oder gegebenenfalls an ihm mitwirken können, einfachhin fallengelassen. War dort der Apostolat der Laien durch die Hierarchie vermittelt und damit gleichsam ontologisch von ihr abhängig, heißt es nun, daß der Apostolat Teilnahme an der Sendung der Kirche selbst ist. Dadurch, daß die Laien Glieder des Volkes Gottes sind, haben sie das Recht und die Aufgabe, am Apostolat der Kirche mitzuwirken und ihn nach ihren jeweiligen Möglichkeiten zu vollziehen. Das erfordert keine spezielle Delegation oder Bevollmächtigung durch den Klerus, sondern leitet sich aus der Kirchengliedschaft unmittelbar her. Weder der Empfang noch die inhaltliche Ausfüllung dieses Apostolats geschieht durch eine Delegation, also in Abhängigkeit von der Hierarchie, sondern sie erwachsen aus der in den Sakramenten von Taufe und Firmung übertragenen Vollmacht. Jede Argumentation und Vorstellung eines »verlängerten Armes der Bischöfe« ist mithin preisgegeben: »So ist jeder Laie kraft der ihm geschenkten Gabe zugleich Zeuge und lebendiges Werkzeug der Sendung der Kirche selbst« (LG 33).

Von dieser allgemeinen Sendung aller Getauften zum Apostolat wird unterschieden eine Berufung bestimmter Laien »zu unmittelbarer Mitarbeit mit dem Apostolat der Hierarchie« (LG 33). Diese spezielle Teilnahme am

Apostolat der Hierarchie geschieht in einer Delegation besonderer Vollmachten, die ursprünglich mit dem kirchlichen Amt verbunden sind. Sie ist vom Apostolat aller Glieder des Volkes Gottes zu unterscheiden.

Neben der Begründung der Verantwortung der Laien durch den Empfang der Sakramente von Taufe und Firmung verweist das Konzil auf das Wirken des Heiligen Geistes, der sich den einzelnen mitteilt, wie er es will, und der seine Gaben austeilt »unter den Gläubigen jeglichen Standes« (LG 12), der weht wo er will, also nicht an das Amt gebunden ist. Damit greift das Konzil die paulinische Lehre von den Charismen auf. Die Laien haben ihren genuinen und ihnen unableitbar zukommenden Platz in der Kirche, weil sie Träger von Charismen sind oder sein können.

Das Konzil wiederholt die Mahnung des heiligen Paulus, die sich wohl an die Amtsträger richtete, den Geist und damit die Charismen nicht auszulöschen und zu unterdrücken (LG 12). Natürlich ist nicht alles, was sich auf den Geist beruft, für die Kirche annehmbar. Es gibt nicht nur die verschiedenen Charismen, sondern auch die Notwendigkeit einer Unterscheidung der Geister, weil nicht jede Erleuchtung vom Heiligen Geist kommt, weder bei den Amtsträgern noch bei den Laien. In der heutigen Diskussion wird darauf aufmerksam gemacht, daß nach Paulus die Prüfung der Charismen in einem wechselseitigen Gehorsam der Charismatiker erfolgt, daß sich also die Charismen gegenseitig prüfen, korrigieren und läutern, während das Konzil sagt, »das Urteil über ihre Echtheit und ihren geordneten Gebrauch steht bei jenen, die in der Kirche die Leitung haben«[109].

Die Unterordnung der Laien war mitverursacht durch das Privileg des Klerus auf theologische Bildung. Um dies zu überwinden, wird vom Konzil angeregt: »Deshalb sollen die Laien sich um eine tiefere Kenntnis der geoffenbarten Wahrheit bemühen und inständig von Gott die Gabe der Weisheit erbitten« (LG 35). Es ist offensichtlich, daß sich die Kirche verändern wird, wenn theologische Kompetenz nicht mehr allein beim Klerus liegt. »Entsprechend dem Wissen, der Zuständigkeit und hervorragenden Stellung, die sie (= die Laien) einnehmen, haben sie die Möglichkeit, bisweilen auch die Pflicht, ihre Meinung in dem, was das Wohl der Kirche angeht, zu erklären« (LG 37). Eine gegenseitige Korrektur in der Kirche ist möglich auf der Basis der fundamentalen Gleichheit aller, die untereinander Brüder, weil alle Kinder Gottes sind (LG 37). Die Laien haben darum »die geweihten Amtsträger zu Brüdern« (LG 32); diese sind nicht die Väter ihrer (unmündigen) Kinder.

c) Das Dekret über das Laienapostolat

Diese Grundlagen, die in der Kirchenkonstitution gelegt sind, wurden in mehreren Konzilsdekreten ausgeführt. Von besonderer Bedeutung ist in diesem Zusammenhang das »Dekret über das Apostolat der Laien«[110]. Hier war schon die Überschrift kontrovers: Die Begriffe Apostel und Apostolat sollten, so ein Einwand, für die biblischen Apostel und deren Nachfolger, die Bischöfe, reserviert bleiben. Dennoch hat man am Begriff *Laienapostolat* festgehalten und damit zum Ausdruck gebracht, daß die Kirche als ganze, als Volk Gottes apostolisch ist, und nicht allein das (bischöfliche) Amt.

Apostolizität ist ein Merkmal der Kirche als ganzer. Im Dekret über das Laienapostolat hat man sogar die Laien, die ihrer Aufgabe gerecht werden, als »wahre Apostel« bezeichnet (AA 6). Die Kirche verwirklicht ihr

Apostolat »durch alle ihre Glieder« (AA 2). Diese Vollmacht kommt unmittelbar von Christus, denn »Pflicht und Recht zum Apostolat haben die Laien kraft ihrer Vereinigung mit Christus, dem Haupt« (AA 3), sie werden »vom Herrn selbst mit dem Apostolat betraut« (AA 3). In Situationen wie Priestermangel, Diaspora, Verfolgung, vor allem in der Mission, aber auch in den verschiedensten Bereichen unserer differenzierten Welt, in denen der Klerus nicht mehr wirksam zu werden vermag, kann die Sendung der Kirche oft nur noch durch den Apostolat von Laien erfüllt werden. In diesem Zusammenhang geht das Konzil auch auf die Stellung der Frau in der Kirche ein: »Da heute die Frauen eine immer aktivere Funktion im ganzen Leben der Gesellschaft ausüben, ist es von großer Wichtigkeit, daß sie auch an den verschiedenen Bereichen des Apostolates der Kirche wachsenden Anteil nehmen« (AA 9).

d) Die Gemeinschaftsstruktur der Kirche

Mit dieser Neubesinnung wird nun aber die Verhältnisbestimmung von Laien und Klerus zum Problem. Die vorkonziliare Theologie hatte es hier verhältnismäßig einfach: hier wurde die Kirche von der Hierarchie aus betrachtet. Christus hat demnach am Anfang die Hierarchie begründet, den Petrus und die übrigen Apostel berufen, und ihnen und deren Nachfolgern alle Gewalt übergeben. Die Laien wurden, wie dargestellt, als Christen verstanden, die vom Klerus durch die Sakramente in die Kirche eingegliedert sind und im Gehorsam gegenüber den Bischöfen leben, ohne daß sie der Kirche eine neue Realität gebracht hätten, die nicht auch der Klerus allein schon hatte. Den Laien kam ihr kirchlicher Status

— zugespitzt formuliert — letztlich erst über den Klerus zu.

Diese Sicht ist nach dem II. Vatikanum nicht mehr möglich. Aber ebensowenig ist es möglich, den Klerus umgekehrt vom Laien her zu denken, so als ob die Gemeinden aus ihrer eigenen Vollmacht die Priester ins Amt einsetzen könnten, und diese im Vollzug ihres Amtes von den Gemeinden abhängig blieben. Es steht für katholisches — und übrigens auch für lutherisches — Denken fest, daß sich das besondere Amt in der Kirche von Christus selbst herleitet und damit eine Vollmacht darstellt, die, so sehr sie *in* der Gemeinde steht, dieser auch mit Autorität *gegenübertritt*. Der Priester spricht auch an Christi statt, *in persona Christi*. Wenn weder das Amt von den Laien noch die Laien vom Amt her gedacht werden können, stellt sich das Verhältnis beider als Problem, das neu bedacht werden mußte.

Das Konzil stellte sich dieser Aufgabe mittels des Gedankens der Kirche als *Communio*, als Gemeinschaft, einem Grundpfeiler konziliarer Ekklesiologie. Als Volk Gottes wird Kirche hier nicht als blockartige, organisatorische Einheit verstanden, sondern als Gemeinschaft, die letztlich in der Gemeinschaft des dreipersonalen Gottes gründet. Kirche ist demzufolge eine lebendige Gemeinschaft verschiedener Kräfte und Personen, die aufeinander verwiesen und angewiesen sind. Diese Ekklesiologie bringt zunächst das Verhältnis der Ortskirchen zueinander zum Ausdruck. Sie begreift Kirche als eine Gemeinschaft von Ortskirchen, von denen jede Kirche darstellt und verwirklicht. Weder ist die Ortskirche eine Außenstelle der Universalkirche, noch die Universalkirche ein nachträglicher, organisatorischer Zusammenschluß von Ortskirchen. Kirche existiert vielmehr in der Einheit der Kirchen am Ort, wo jeweils der Gottesdienst gefeiert wird[111].

Diese Konzeption von Kirche als Communio, als Gemeinschaft, wurde vom Konzil auch für die Verhältnisbestimmung von Klerus und Laien herangezogen. Erst beide zusammen bilden die Kirche als ganze, und darum sind beide aufeinander angewiesen und verwiesen; denn Kirche als Volk Gottes lebt als Gemeinschaft. In immer neuen Anläufen stellt das Konzil dieses brüderliche Zusammen und die Verwiesenheit von Priestern und Laien dar. Immer wieder werden die Amtsträger ermahnt, die Laien anzuregen, daß diese die ihnen eigenen Charismen und Fähigkeiten auch wirklich ausüben und zum Nutzen aller anwenden können. Bischöfe und Priester sollen auf die Laien hören, ihren Rat annehmen, sie in die Entscheidungsprozesse miteinbeziehen. Sie »sollen die Würde und Verantwortung der Laien in der Kirche anerkennen und fördern. Sie sollen gern deren klugen Rat benutzen, ihnen vertrauensvoll Aufgaben im Dienst der Kirche übertragen und ihnen Freiheit und Raum im Handeln lassen, ihnen auch Mut machen, aus eigener Initiative Werke in Angriff zu nehmen« (LG 37). Andererseits werden die Laien ermahnt, ihre Aufgaben in Kirche und Welt gemeinsam mit den Bischöfen und Priestern zu vollziehen. Sie sollen »das, was die geweihten Hirten in Stellvertretung Christi als Lehrer und Leiter in der Kirche festsetzen, in christlichem Gehorsam bereitwillig aufnehmen nach dem Beispiel Christi« (LG 37). Beide sollen zusammenwirken, damit die Botschaft Christi in unserer Welt besser zu Wort kommt und lebendig wird. »Aus diesem vertrauten Umgang zwischen Laien und Hirten kann man viel Gutes für die Kirche erwarten. In den Laien wird so der Sinn für eigene Verantwortung gestärkt, die Bereitwilligkeit gefördert. Die Kraft der Laien verbindet sich leichter mit dem Werk der Hirten« (LG 37).

Wenn man diese Texte hört, ohne den Hintergrund der Communio-Ekklesiologie mitzubedenken, erscheinen sie als moralische Appelle, Absichtserklärungen oder fromme Anmutungen und klingen fast rührend: es möge doch jeder den anderen gelten lassen und ihn nicht unterdrücken. Sicher ist die Communio-Ekklesiologie mehr als nur ein kirchenrechtliches Prinzip, es geht um mehr als um die Organisation innerkirchlicher Macht. Aber andererseits kann eine Rechtsordnung, die nach wie vor den Prinzipien folgt, die das Verhältnis zwischen Klerus und Laien vor dem Konzil bestimmten, der Beweis dafür sein, daß in der Praxis mit der Communio-Ekklesiologie und dem Gedanken des Volkes Gottes noch keineswegs Ernst gemacht wird. Dann wären die zitierten Texte tatsächlich nichts als unverbindliche Anmutungen, die von einer gegenteiligen Praxis Lügen gestraft werden. Wenn beispielsweise in einer für die Kirche als Volk Gottes so entscheidenden Frage wie der Ernennung von Bischöfen alle Vollmacht beim Heiligen Stuhl liegt, und die Laien (ebenso wie der Klerus und auch die Bischöfe des Landes) kaum ein Recht auf Gehör, geschweige denn auf Mitsprache haben, widerspricht das nicht nur der Lehre und der Praxis der Alten Kirche, sondern auch der Lehre von der Kirche als Volk Gottes, das als Gemeinschaft, als Communio existiert. Wenn sich die Gemeinschaftstsstruktur nicht auch in einer rechtlichen Ordnung niederschlägt, bleiben Ermahnungen zur Brüderlichkeit leere Appelle, die gegenteilige Strukturen verdecken.

Es wurde oft darauf hingewiesen, daß auf dem II. Vatikanum letztlich zwei Ekklesiologien unversöhnt nebeneinander standen und Eingang in die Dokumente gefunden haben. Beide Flügel des Konzils ließen sich gegenseitig jeweils ihren Ziel- und Spitzensatz durchgehen in der Hoffnung, daß sich in der Rezeption des Konzils die Interpretation durchsetzen würde, die der eigenen Position entsprach. In der Theologie der Laien findet sich neben Aussagen über Gleichheit und Brüderlichkeit von Klerus und Laien, über die Unmittelbarkeit von Laien in ihrer Teilhabe an der Sendung der Kirche, auch die traditionell patriarchalistische Sicht, nach der der Klerus dem Laien überlegen ist, ihn belehrt, ihn leitet und bestimmt, wo der Priester sogar in seiner Existenz als Christ auf einer höheren Stufe steht, als der einfache Gläubige. Auch derartige Tendenzen lassen sich durch das II. Vatikanum belegen, und das bis hinein in das Kapitel über die Kirche als Volk Gottes. Hier steht der umstrittene und viel diskutierte Satz: »Das gemeinsame Priestertum der Gläubigen aber und das Priestertum des Dienstes, das heißt das hierarchische Priestertum, unterscheiden sich zwar dem Wesen und nicht bloß dem Grade nach« (LG 10). Man kann diesen Text so auslegen, daß das besondere Priestertum, das Amt, nicht als ein Priestertum oder gar eine Christlichkeit auf höherer Ebene erscheint, als eine Steigerung und Potenzierung dessen, was alle anderen auch haben. Beide unterscheiden sich *nicht* dem Grade nach, das besondere Amt ist *nicht* ein Mehr als das, was auch dem Laien zukommt. Es ist vielmehr eine andere, spezifische und unableitbare Funktion in der Kirche, die ebensowenig vom allgemeinen Priestertum hergeleitet werden kann, wie die Laien ihre Position als verlängerter Arm der Hierarchie zu verstehen haben. Karl Lehmann hat betont, diese Formulierung des Konzils dürfe allein auf die verschiedenen Funktionen bezogen und nicht als eine ontologische Aussage verstanden werden, sonst würde sie unweigerlich falsch[112]. Aber die Formulierung »dem Wesen nach« legt dieses ontologische Mißverständnis sehr nahe und die Satzkonstruktion mit »nicht bloß« scheint durchaus einen Gradunterschied zu implizieren, selbst wenn dieser mit Worten ausgeschlossen wird[113]. Somit ist dieser Satz zumindest in hohem Maße mißverständlich. Er steht in der Gefahr, den herkömmlichen Überlegenheitsanspruch des Klerus gegenüber den Laien dogmatisch zu untermauern.

e) Das Wort vom Weltcharakter des Laien

Gleichsam durch die Hintertür wurde in der Rezeption des II. Vatikanums die Trennung zwischen Laien und Klerus durch eine überscharfe Scheidung zwischen Kirche und Welt wieder eingeführt, derzufolge der Weltdienst den Laien, der Heilsdienst in der Kirche dagegen dem Klerus zukomme. Damit wurden die Laien dann auf den außerkirchlichen Bereich festgelegt. Das Konzil selbst betonte im Gegensatz zu dieser Tendenz, die seit dem Investiturstreit immer wieder laut wurde, daß Laien in Kirche *und* Welt ihren Platz haben und ihre Rechte einnehmen. Dies wird vor allem im Laiendekret deutlich: »Die Laien hingegen, die auch am priesterlichen, prophetischen und königlichen Amt Christi teilhaben, verwirklichen in Kirche und Welt ihren eigenen Anteil an der Sendung des ganzen Volkes Gottes« (AA 2). Und an anderer Stelle: »Die Laien, die diese Sendung der Kirche vollziehen, üben also ihr Apostolat in der Kirche wie in der Welt, in der geistlichen wie in der weltlichen Ordnung aus« (AA 5). »Die Laien betätigen ihr vielfältiges Apostolat sowohl in der Kirche als auch in der Welt. In jeder dieser beiden Ordnungen tun sich verschiedene Bereiche apostolischen Wirkens auf« (AA 9). »Als Teilnehmer am Amt Christi, des Priesters, Propheten und

Königs haben die Laien ihren aktiven Anteil am Leben und Tun der Kirche« (AA 10).

Sicher sagt das Konzil im Laiendekret ebenso wie in der Kirchenkonstitution, daß den Laien »der Weltcharakter in besonderer Weise eigen (ist) . . . Sie leben in der Welt, das heißt in all den einzelnen irdischen Aufgaben und Werken und den normalen Verhältnissen des Familien- und Gesellschaftslebens, aus denen ihre Existenz gleichsam zusammengewoben ist. Dort sind sie von Gott gerufen, ihre eigentümliche Aufgabe, vom Geist des Evangeliums geleitet, auszuüben und so wie ein Sauerteig zur Heiligung der Welt gewissermaßen von innen her beizutragen und vor allem durch das Zeugnis ihres Lebens, im Glanz von Glaube, Hoffnung und Liebe Christus den anderen kund zu machen. Ihre Aufgabe ist es also in besonderer Weise, alle zeitlichen Dinge, mit denen sie eng verbunden sind, so zu durchleuchten und zu ordnen, daß sie immer Christus entsprechend geschehen und sich entwickeln und zum Lob des Schöpfers und Erlösers gereichen« (LG 31). Doch schon Klaus Mörsdorf hat darauf aufmerksam gemacht, daß diese Formulierung des Konzils allein »eine soziologische Bestimmung« ist, also eine Beschreibung eines gegebenen und verbreiteten Sachverhalts. Diese darf aber keinesfalls mit einer »theologischen Wesensaussage verwechselt werden«, so als sei der Laie auf diese Rolle festgelegt, von ihr bestimmt und dürfe sie deshalb auch nicht verlassen und diesen Raum nicht überschreiten[114].

Die Aussage vom Weltcharakter der Laien ist auch deswegen ambivalent, weil der Begriff »Welt« in Schrift und Tradition unterschiedliche Wirklichkeiten meint. Papst Johannes XXIII. bezeichnete in seiner Ansprache zum Beginn des Konzils die Entwicklung der modernen

Welt als »einen verborgenen Plan der göttlichen Vorsehung«[115]. Das Konzil hat eine sehr positive Sicht von Welt vertreten: Kirche versteht sich der Kirchenkonstitution zufolge als »Sakrament« des Heils, das die Einheit der Menschheit mit Gott und die Einheit der Welt befördert. Die Pastoralkonstitution über »Die Kirche in der Welt von heute« stellt programmatisch die positive Beziehung der Kirche zur heutigen Welt dar. Es war unbezweifelbar ein Grundanliegen des Konzils, die Abkehr der Kirche von der Welt, die das 19. Jahrhundert weitestgehend geprägt hatte, zu überwinden, das katholische Getto aufzubrechen und eine positive Zuordnung zur modernen Welt zu eröffnen. Heute wird gegen das Konzil verschiedentlich sogar der Vorwurf erhoben, es hätte sich der Welt allzu optimistisch und fortschrittsgläubig geöffnet.[116].

Dies zeigt, daß es dem Geist und dem Wortlaut des Konzils widerspricht, mittels des Weltauftrags für den Laien und der Zuweisung der kirchlichen und geistlichen Angelegenheiten an den Klerus diesen wiederum von den Laien abzusondern, beide voneinander zu trennen und den Laien einen Platz *außerhalb* der Kirche zuzuweisen. Zufolge des Konzils haben, wie zitiert, die Laien ihre Vollmacht und ihr Recht sehr wohl auch *in* der Kirche. Das Konzil hat die überkommene Trennung und Unterordnung der Stände innerhalb der Kirche verworfen, weil sie mit der Theologie des Volkes Gottes und dem Gedanken der Communio unvereinbar waren. Ebensowenig läßt sich mit dem Konzil vereinbaren, die Laien heute gleichsam auf einen weltlichen Bereich festzulegen und die innerkirchlichen Vollmachten dem Klerus zu reservieren. Priester und Laien stehen in der Gemeinschaft des Volkes Gottes, sie haben als Getaufte unendlich viel mehr gemeinsam, als sie unterscheidet oder gar trennt. Darum ist es nicht möglich, sie aus ihrem Gegensatz heraus zu verstehen und zu definieren[117].

II. Die Gemeinsame Synode der Bistümer in der Bundesrepublik Deutschland

Die Gemeinsame Synode der Bistümer in der Bundesrepublik Deutschland[118] hat, ausgehend von der Überzeugung der gemeinsamen Verpflichtung des Volkes Gottes als ganzem, Botschaft und Werk Jesu in unserer Welt zu vergegenwärtigen und zu realisieren, in mehreren Dokumenten über die gemeinsame Verantwortung von Priestern und Laien gesprochen. Insofern wurde der Neuansatz des Konzils weitergeführt und konkretisiert. Da in der kirchlichen Praxis die Anregungen, Wünsche und Visionen der Synode wenig Frucht getragen haben und eher gegenläufige Tendenzen sich durchsetzen konnten, sei in diesem Zusammenhang nur auf einige grundlegende Aussagen der Synode verwiesen.

Die Synode hat einerseits den Weltauftrag der Laien betont, andererseits aber hat sie sehr konkrete Vorschläge für Strukturen der Kirche und ihre Entscheidungsfindung vorgelegt, die eine Mitverantwortung von Laien auch im innerkirchlichen Leben ermöglichen sollten. Hatte sich das Konzil in diesem Zusammenhang scheinbar noch mit Appellen begnügt, die in der Rechtsordnung weithin folgenlos blieben, hat die Synode nun konkrete Formen der *Mitbestimmung* vorgeschlagen. Dies geschah vor allem in den Beschlüssen über »Die pastoralen Dienste in der Gemeinde« (S. 597–636); »Die Verantwortung des ganzen Gottesvolkes für die Sendung der Kirche« (S. 651–677)«; sowie in der »Rahmenordnung für die pastoralen Strukturen und für die Leitung und Verwaltung der Bistümer in der Bundesrepublik Deutschland« (S. 688–710). Im Text über die gemeinsame Verantwortung aller heißt es: »Da die Laien zu ihrem Teil die Sendung des ganzen Gottesvolkes in der Kirche und in der Welt mittragen, bedarf es institutionalisierter Formen der Mitverantwortung, in denen Amtsträger und Laien vertrauensvoll zusammenarbeiten und die Möglichkeit zu gemeinsamer Willensbildung und Entscheidungsfindung gegeben ist. Auf den verschiedenen Ebenen der kirchlichen Gliederung ist deshalb dem Leitungsamt ein Rat zugeordnet, der im Rahmen des kirchlichen Rechts Mitverantwortung trägt für alle Aufgaben, die eines gemeinsamen Planens und Handelns bedürfen« (S. 655).

Von besonderer Brisanz war der Synodenbeschluß über »Die Beteiligung der Laien an der Verkündigung« (S. 169–178), weil hier die Praxis, die sich in Deutschland entwickelt hatte und die über das allgemein geltende Recht hinausging (vgl. CIC can 1342 § 2), abgedeckt werden sollte. Die Synode hält »die Mitarbeit der Laien auch bei der Wortverkündigung für unerläßlich« (S. 172). Denn es ist »nach der Lehre der Kirche bei Wahrung der besonderen Verantwortung des Amtes der Priester nicht allein, sondern die ganze Gemeinde unmittelbarer Träger der Verkündigung und des liturgischen Handelns« (S. 175). Deswegen ist »der Predigtauftrag nicht ausschließlich an das priesterliche Amt und die sakramentale Befähigung dazu gebunden« (S. 175). Zwar ist »eine sichtbare, personale Einheit von Prediger und Vorsteher der Eucharistiefeier angemessen, aber nicht unbedingt notwendig« (S. 175).

Dem traditionellen Kirchenrecht war der Vorwurf gemacht worden, es sei letztlich ein *Klerikerrecht.* Dem wollte der neue Codex von 1983 Abhilfe schaffen, und so wurde ein eigener Titel über »Pflichten und Rechte der Laien« aufgenommen (Can 224–231). Vorausgeht ein Abschnitt über »Pflichten und Rechte aller Gläubigen« (Can 208–223), wobei vor allem Can 208 von grundlegender Bedeutung ist: »Unter allen Gläubigen besteht, und zwar aufgrund ihrer Wiedergeburt in Christus, eine wahre Gleichheit in ihrer Würde und Tätigkeit, kraft der alle je nach ihrer eigenen Stellung und Aufgabe am Aufbau des Leibes Christi mitwirken«. Es wird hier also von einer fundamentalen Gleichheit gesprochen, die alle Differenzierung in Ämter und Funktionen umgreift und in der gemeinsamen Taufe und Kirchenzugehörigkeit gründet. Der Abschnitt über die Pflichten und Rechte der Laien wiederholt und präzisiert weitgehend den vorhergehenden Titel über die gemeinsamen Aufgaben aller Gläubigen. Offensichtlich konnte auch das Kirchenrecht keine in sich schlüssige Bestimmung des Laien geben.

Wie alle Gläubigen sind auch die Laien verpflichtet und berechtigt, »mitzuhelfen, daß die göttliche Heilsbotschaft von allen Menschen überall auf der Welt erkannt und angenommen wird« (Can 225 § 1). Erst nach dieser betonten Vorrangstellung einer kirchlichen Vollmacht der Laien wird an zweiter Stelle davon gesprochen, daß sie die Aufgabe haben, »die Ordnung der zeitlichen Dinge im Geist des Evangeliums zu gestalten und zur Vollendung zu bringen und so in besonderer Weise bei der Besorgung dieser Dinge und bei der Ausübung weltlicher Aufgaben Zeugnis für Christus abzulegen«

(Can 225 § 2). Die Festlegung der Laien auf den Weltdienst findet hier also keine Stütze. Es wird gesprochen von den besonderen Rechten von Eheleuten und Eltern, ohne daß diese für Laien spezifisch wären, weil sie sicher auch zum Beispiel für verheiratete Diakone gelten. Und wenn es heißt, daß Laien sich in ihrem Apostolat vom Geist des Evangeliums leiten lassen und nach der vom Lehramt der Kirche vorgetragenen Lehre richten müssen, trifft dies sicher auch für die Kleriker zu. Als besonderes Recht der Laien wird angemerkt, daß sie sich eine Kenntnis der christlichen Lehre aneignen dürfen (Can 229 § 1) bis hin zu einem theologischen Studium mit dem Erwerb der akademischen Grade (Can 229 § 2). Während Kleriker verpflichtet sind, kirchliche Aufgaben zu übernehmen, können Laien mit ihrer Zustimmung »für jene kirchlichen Ämter und Aufgaben herangezogen werden, die sie nach kirchlichem Recht wahrzunehmen vermögen« (Can 228 § 1): z. B. als Sachverständige und Ratgeber, als Lehrer in der theologischen Wissenschaft, zum Dienst am Wort, der Leitung liturgischer Gebete, der Spendung der Taufe und der Austeilung der heiligen Kommunion (Can 230 § 3)[119].

So sehr sich das Kirchenrecht auch müht, eine eigene Verantwortung der Laien in Kirche und Welt zu unterstreichen, so schwer fällt es, eine systematische Bestimmung des Laien zu geben und seine Rechte und Pflichten so zu umreißen, daß sie nicht selbstverständlich auch für die Kleriker gelten. Es macht sich auch hier die schon beobachtete Schwierigkeit bemerkbar, den Begriff des Laien sinnvoll zu bestimmen, wenn man sich nicht mit der rein negativen Definition zufriedengeben kann, nach der der Laie der Nicht-Kleriker ist.

F

DIE BISCHOFSSYNODE ÜBER DEN LAIEN

Noch einmal akut wurde die Bedeutung der Laienfrage durch die im Oktober 1987 abgehaltene Bischofssynode zum Thema: »Berufung und Sendung der Laien in Kirche und Welt, zwanzig Jahre nach dem II. Vatikanischen Konzil«. Diese Synode wurde Anlaß für eine Vielzahl von Akademien und Bildungsveranstaltungen und zum Thema zahlreicher Veröffentlichungen[120]. Insofern ist die Synode auch über das unmittelbare Geschehen in Rom und über die verabschiedeten Texte hinaus von Interesse.

I. Die Vorbereitung

Die Synode über den Laien wurde von Papst Johannes Paul II. im März 1984 angekündigt. Weil sie ein Beratungsorgan ist, das Entscheidungshilfen für den Papst anbieten, nicht aber Beschlüsse fassen soll, wurden Tagesordnung und Thematik vom Papst festgesetzt. Zunächst war sie für Herbst 1986 angekündigt. Da aber im November/Dezember 1985 eine kurzfristig einberufene außerordentliche Bischofssynode anläßlich des 20. Jahrestags des Konzilsendes stattfand, verschob man die Synode über den Laien um ein Jahr. Damit hat sich die Vorbereitungszeit auf mehr als drei Jahre verlängert — zweifellos eine Chance für eine eingehende theologische und pastorale Vorbereitung und Einarbeitung in die komplexe Thematik.

a) Die Lineamenta

Die erste Stufe der offiziellen Vorbereitung auf die Synode bildeten die sogenannten *Lineamenta*, ein römisches Positionspapier. Es verstand sich nicht als »organische und vollständige Darstellung des Themas«, es wollte »lediglich irgendwie logisch geordnet einen Ausgangspunkt darbieten für die Untersuchungen, Diskussionen und Gedanken über die Laien«[121]. Der Text war also nicht ein erster Entwurf für ein zu erstellendes Dokument, er wollte lediglich Denkanstöße für eine umfassende Behandlung des Themas anbieten. Dennoch wurde dadurch bereits der Rahmen für die Weiterarbeit gesteckt, weil in den *Lineamenta* Fragen an die Teilkirchen und die Bischofskonferenzen formuliert wurden, die nach Überzeugung der Autoren vordringlich beantwortet werden sollten.

Die *Lineamenta* umfassen drei Teile. Ein erster Teil umreißt die nachkonziliare Situation. Den Ausgangspunkt bilden Aussagen des II. Vatikanums über die Laien, wobei die Texte ergänzt werden vornehmlich durch päpstliche Verlautbarungen wie das Schreiben *Evangelii nuntiandi* von Papst Paul VI. aus dem Jahr 1976. Als Bereiche, die vordringlich angesprochen werden müssen, weil sich in ihnen in der nachkonziliaren Situation Probleme oder krisenhafte Erscheinungen gezeigt haben, werden genannt: »Die Welt der Arbeit, die der Schule und Familie, die der Politik, der Wirtschaft, der Kultur und der Massenmedien. Ganz besondere Aufmerksamkeit verdient die Welt der Jugendlichen“ (Nr. 11). In einem zweiten Teil werden unter der

Überschrift: «In der Kirche für die Welt: Berufung und Sendung der Laien« allgemeine theologische Themen und Grundlegungen der Problematik angesprochen: nämlich Grundfragen der Ekklesiologie mit der Zielrichtung, die Aufgabenbereiche der Laien von jener des Klerus deutlich abzugrenzen. Ein dritter Teil ist überschrieben: »Zeugen für Christus in der Welt«. Hier werden mögliche konkrete Dienste von Laien genannt sowie das Thema Laienspiritualität erörtert.

Der Text ist geprägt von einer klaren Abgrenzung zwischen Klerus und Laien mit dem Ziel, beide Stände in sich möglichst deutlich zu bestimmen und ihnen eindeutige Bereiche und Aufgaben zuzuweisen. Eingangs steht die Warnung vor einer »Klerikalisierung der Laien und einer Laisierung des Klerus« (Nr. 9). Die Laien werden also durch ihr Nicht-Kleriker-Sein bestimmt. Dies sollte theologisch legitimiert werden durch die Berufung auf die Konzilsaussage, wonach sich das allgemeine Priestertum der Gläubigen und das besondere Priestertum nicht nur dem Grad, sondern dem Wesen nach unterscheiden (Nr. 19). Darum wird auch gefordert, »daß die Laien eine spezifisch laikale Spiritualität anstreben« (Nr. 43). Als Inhalte einer laikalen Frömmigkeit sind genannt: »Die Laien sollen nicht vor den zeitlichen und irdischen Wirklichkeiten fliehen, um den Herrn zu suchen, vielmehr seinen Willen in den täglichen Pflichten erfüllen und so den Herrn finden, ihn lieben und andere zur Liebe zu ihm hinführen; die Laien sollen in der Welt, die vergeht, die christliche Hoffnung vorleben ...; die Laien sollen sich bei ihren zeitlichen und irdischen Tätigkeiten immer mehr von Glaube und Liebe leiten lassen« (Nr. 45). Der Text ist nicht auf die Frage eingegangen, was an alledem spezifisch laikal sein soll und welcher der genannten Punkte nicht in gleicher

Weise und in gleichem Umfang auch für die Kleriker gilt.

Konkret angesiedelt hat man die Differenz zwischen Priestern und Laien in der Betonung des *Weltcharakters* der Laien. Der Text stützt sich vor allem auf ein Zitat Papst Pauls VI., in dem es heißt: »Erste und unmittelbare Aufgabe (der Laien) ist nicht der Aufbau und die Entwicklung der kirchlichen Gemeinschaft — hier liegt die besondere Aufgabe der Hirten —, sondern sie sollen alle christlichen, vom Evangelium her gegebenen Möglichkeiten, die zwar verborgen, aber dennoch in den Dingen der Welt schon vorhanden sind und aktiv sich auswirken, verwirklichen« (Nr. 8). Und aus dem gleichen Schreiben wird über die Laien gesagt: »Das eigentliche Feld ihrer evangelisierenden Tätigkeit ist die weite und schwierige Welt der Politik, des Sozialen und der Wirtschaft, aber auch der Kultur, der Wissenschaften und Künste, des internationalen Lebens und der Massenmedien, ebenso gewisse Wirklichkeiten, die der Evangelisierung offenstehen, wie Liebe, Familie, Kinder- und Jugenderziehung, Berufsarbeit, Leiden usw.« (Nr. 24). Der Widerspruch derartiger Formulierungen zu den Konzilsaussagen wurde dadurch überbrückt, daß man behauptete, das Konzil stelle die »Welthaftigkeit« der Laien »nicht nur als soziologische Tatsache dar, sondern auch und besonders als theologische und kirchliche Gegebenheit bzw. als die eigentümliche Weise, in der die christliche Berufung zu leben ist« (Nr. 22). Diese Behauptung widerspricht zumindest einem breiten Strom der Interpretation des Konzils, angefangen von K. Mörsdorf bis hin zu F. Klostermann und fast allen Theologen, die sich zur Aufgabenstellung der Pastoralassistenten geäußert haben[122].

Die *Lineamenta* wurden nicht als Entwurf für einen

zu verabschiedenden Text, sondern allein als Denkanstoß verstanden. Als solcher hatten sie ihre Bedeutung, selbst wenn die wichtigsten Stellungnahmen nicht als Verbesserungsvorschläge zu den *Lineamenta* formuliert wurden, sondern angesichts offensichtlicher Grenzen und Mängel als eigenständige und unabhängige Überlegungen gestaltet wurden. Unter diesen Stellungnahmen ragt jene der Deutschen Bischofskonferenz heraus, sowohl was ihre Qualität und ihre theologische Fundiertheit betrifft, als auch hinsichtlich der Tatsache, daß dieser Text im Gegensatz zu früheren Gepflogenheiten zur Publikation freigegeben wurde[123].

b) Die Stellungnahme der Deutschen Bischofskonferenz

Die verhältnismäßig ausführliche Stellungnahme der Deutschen Bischofskonferenz vom 28. April 1986 geht aus von der Sicht der Kirche, wie sie die Kirchenkonstitution *Lumen Gentium* vorgelegt hat. Erst von hier aus kann eine rechte Interpretation der anderen Konzilstexte erfolgen. In der Kirchenkonstitution »geht es aber gerade darum, Kirche nicht als zusammengesetzt aus in sich stehenden Blöcken — hierarchische Amtsträger und Laien, Weltchristen und Ordenschristen — zu sehen, sondern die Unterscheidungen auf das Gemeinsame zurückzubeziehen und vom Gemeinsamen her zu lesen«[124]. Dies bedeutet konkret: »Im gemeinsamen Hören auf das Wort Gottes, im gegenseitigen Empfangen des Glaubensverständnisses, das der Heilige Geist in den Gläubigen wirkt, in der gemeinschaftlichen Bezeugung und Weitergabe des Glaubens, im Miteinander der liturgischen Feier, in gemeinsamer Diakonie und gläubiger Weltgestaltung: überall steht die gemeinsam empfangene Gabe und Aufgabe vor allem — noch so bedeutsamen — Unterscheidenden« (S. 7). Die Unterstreichung des Besonderen des priesterlichen Amtes, wie sie in den letzten Jahren schwerpunktmäßig erfolgte, hat die Gefahr heraufbeschworen, nun »die gemeinsame Basis in den Hintergrund oder gar aus dem Blickfeld« (S. 8) geraten zu lassen. Es gilt heute, zunächst »die gemeinsame Berufung aller neu ins Bewußtsein zu rufen«. Erst aus ihr können »die qualitativ unterschiedenen Gnadengaben, die besonderen Aufgaben und Dienste, darunter auch die des geistlichen Amtes erwachsen« (S. 8). Wenn diese fundamentale Gemeinsamkeit übersehen oder nicht hinreichend in die Praxis umgesetzt wird, sind die Konsequenzen in der Kirche weitreichend. »Falsche Polarisierungen, wie sie sich etwa in den Schlagwortpaaren ›Kirche von oben — Kirche von unten‹ oder ›Amtskirche — eigentliche (Laien-)Kirche‹ äußern, ein unkirchliches Konkurrenz- und Kompetenzdenken, das zum Verlust des gegenseitigen Vertrauens und zur Aufkündigung des Dialogs führt, sowie ein unangemessener Stil des Miteinanderumgehens sind dann die unseligen Folgen« (S. 8). Man wird weder dem Priester noch dem Laien gerecht und es ist für die Kirche abträglich, wenn man die zwei Stände in der Kirche aus ihrer gegenseitigen Ausschließlichkeit heraus definiert. Vielmehr gilt es, beide von ihrer gemeinsamen Gliedschaft im Volk Gottes her zu verstehen.

Von hier aus kommt die Stellungnahme zu einer Kritik an der einseitigen Festlegung der Laien auf den Weltcharakter. Die Bestimmung des Laien durch das Konzil war eine »typologische Deskription«, eine »praktisch-deskriptive ›Ad-hoc-Definition‹, die nicht ›ontologisch‹ gemeint ist« (S. 8). Es ist eine Vereinfachung und Verfälschung des Konzils, »wenn der Eindruck entsteht, das ›Geschäft‹ der Laien sei die gläubige Gestaltung der Welt, das ›Geschäft‹ der geweihten Amtsträger dagegen sei der Aufbau der Kirche« (S. 9). Im Gegensatz dazu machen die deutschen Bischöfe deutlich, daß der »Weltdienst« zum Wesen der Kirche gehört, also keineswegs nur das Vorfeld betrifft. »Der Laie im engeren Sinn ist also jener Christ, welcher das Kirche-Sein und die Sendung der Kirche in der Welt exemplarisch verdeutlicht . . . Er ist gewissermaßen der ›Ernstfall‹ des Christen in der Welt« (S. 10 f.).

Auf der Basis der gemeinsamen Berufung von Priestern und Laien aufbauend, bringt die Stellungnahme der Deutschen Bischofskonferenz in einem zweiten Teil Überlegungen zum Thema »Kirche als Communio: der Laie in der Communio«. Hier werden im Anschluß an das Konzil zunächst die Unmittelbarkeit und Selbständigkeit der Laien in der Sendung der Kirche unterstrichen. Ihre Aufgaben erwachsen aus Taufe und Firmung. Das schließt aus, ihre Mitwirkung als »Ersatz« für die nicht mehr erfüllbaren Aufgaben der Amtsträger zu verstehen. Die Communio-Struktur muß sich verwirklichen im Aufbau und im Leben der Kirche: in ihrer Liturgie, in der Wertung der Familie als Hauskirche (so schwierig sich diese in concreto auch realisieren lassen mag), in der Mitwirkung und Beratung aller auf allen Ebenen, ohne die die Aussagen von LG 37 über das brüderliche Zusammensein aller »einfach nur ›fromme Ermahnungen‹« (S. 15) bleiben. Der Text spricht von der Mitwirkung von Laien im pastoralen Dienst, also der Bestellung von Laien für die haupt- und nebenamtliche Tätigkeit in der Pastoral, sowie über Formen der Gemeinschaft im Apostolat der Laien, also über die Verbände, die neuen geistlichen Bewegungen und die »Basisgemeinschaften«. Eigene Abschnitte behandeln die

Bedeutung der Communio-Struktur für die Frau in der Kirche sowie für die ökumenische Zusammenarbeit im Laienapostolat.

Ein dritter Teil thematisiert unter der Überschrift »Communio als Missio« noch einmal den sogenannten Weltcharakter des Laien, nun aber unter dem Aspekt, daß die Kirche als ganze für die Welt da ist, daß sie sich als »Missio« für die Welt versteht. Was hier geschieht, »ist ein Dienst der Kirche als solcher« (S. 22). Dabei ist zu beachten, daß es auf dem Feld des Dienstes in der Welt und für die Welt »durchaus legitimerweise zu unterschiedlichen praktischen Konsequenzen kommen« kann und muß (S. 28), und daß hier »auch durch das Lehramt der Kirche keine verbindliche Weisung vorgelegt werden kann« (S. 28). Dennoch darf diese letzte Offenheit und Unentscheidbarkeit nicht dazu führen, sich in der Kirche gegenseitig zu blockieren, noch darf sie »eine Ausrede dafür sein, überhaupt als Christ eine Option zu treffen und sich lieber ›herauszuhalten‹« (S. 28).

c) *Die Stellungnahme des Zentralkomitees der deutschen Katholiken*

Das Zentralkomitee der deutschen Katholiken hat in seiner Stellungnahme zu den *Lineamenta* nicht so umfassend theologisch argumentiert, wie die Deutsche Bischofskonferenz. Dennoch ist auch dieser Text vor allem in der Analyse der konkreten Situation in Deutschland von erheblichem Gewicht. Der Text setzt an mit einigen kritischen Fragen an die *Lineamenta*, nämlich daß die besondere Stellung der Frau in der Kirche sowie die ökumenische Diskussion um das Laienapostolat völlig ausgefallen sind, daß der Gesamtbereich der Diakonie zu kurz kommt, und daß — gerade für die deutsche Situation — erheblich mehr Gewicht auf die katholischen Verbände gelegt werden müßte. Kritisiert wird sehr global die Tendenz der *Lineamenta*. Atmet dieses Dokument »wirklich den Geist des Konzils, oder ist der Text von allzu ängstlicher Sorge bestimmt, etwa die Zuständigkeit des kirchlichen Amtes zu wahren ... und auf dem Weg über eine Zweiteilung den Laien in seinen Bereich des Weltdienstes zu verweisen, kirchliche Mitverantwortung und Teilhabe an der Sendung des kirchlichen Amtes aber eher klein zu schreiben oder lediglich als Notlösung zu verstehen? Es wird in den ›Lineamenta‹ zu wenig deutlich, daß Berufung und Sendung der Laien in Kirche und Welt sich letztlich aus der einen Berufung und Sendung der Kirche als sacramentum mundi ableiten, ... daß der Heilsauftrag der Kirche und ihr Dienst an der Welt nicht zwei voneinander getrennte Bereiche sind, sondern daß es der Kirche als ganzer um das Heil der ganzen Welt geht«[125].

In der weiteren Darlegung greift die Stellungnahme Fragen auf, die in den *Lineamenta* gestellt wurden. In dem Abschnitt »Hat sich die Lehre des Konzils bei uns durchgesetzt?« wird verwiesen auf das Laienbewußtsein in Deutschland mit seiner schon weit vor das Konzil zurückreichenden Tradition von katholischen Verbänden, Zentralkomitee der deutschen Katholiken und Katholikentagen. Positiv wird vermerkt das weithin differenzierte Bild pastoraler Dienste, »das nicht von der Priesternot und auch nicht vom Gedanken der Delegation gewisser Aufgaben des geistlichen Amtes ausgeht, sondern von dem in Taufe und Firmung begründeten Auftrag der Laien, an der Heilssendung der Kirche teilzunehmen« (S. 34 f.). Als negativ verlaufene gesellschaftliche Entwicklungen werden u. a. genannt die wachsende Differenz zwischen der offiziellen kirchlichen Lehre vor allem in moralischen Fragen und der persönlichen Einstellung und dem konkreten Verhalten vieler Kirchenglieder. Es wird verwiesen auf die Schwierigkeit, den Glauben an die kommende Generation weiterzugeben. Die Veränderungen in der Rolle der Frauen in unserer Gesellschaft hat zu einem veränderten Bewußtsein auch in der Kirche geführt, und dies wird Anlaß sein für tiefgreifende Umgestaltungen. Als positive Errungenschaften erscheinen die Pastoralräte, deren Einberufung »nicht nur vordergründigen Argumenten der Praktikabilität gehorchen« (S. 40) dürfe. Die Verbände der Laienarbeit werden als unersetzbar bezeichnet. Die Mitgestaltung von Laien im liturgischen Raum, die kirchlichen Berufe von Gemeinde- und Pastoralreferenten und der vielgestaltige ehrenamtliche Einsatz von Laien stehen auf der Seite der positiven Erscheinungen.

Die Stellungnahme gibt Anregungen für die Synode: Dringend nötig sei eine Theologie und Spiritualität der Laien. Angeregt werden solle ein neuer Mut zur Weltverantwortung und für eine gemeinsame Verantwortung des ganzen Gottesvolkes. »Das neue Bild der Kirche als Communio des Volkes Gottes läßt sich weder auf ein deduktives Modell zurückführen, noch geht es in einem rein induktiven, demokratischen Denken auf« (S. 43). Darum wird konkret gefordert: eine Intensivierung des Dialogs zwischen Laien und Klerikern auf allen Ebenen, die Wahrung eines legitimen Freiraums für teilkirchliche Entwicklungen, die den ortskirchlichen Besonderheiten gerecht werden, sowie letztlich eine angemessene Beteiligung von Laien am Beratungsprozeß der kommenden Bischofssynode.

d) Das Instrumentum laboris

Kurz vor Beginn der Bischofssynode wurde vom Generalsekretariat im August 1987 unter der Bezeichnung *Instrumentum laboris* ein Arbeitspapier veröffentlicht. Dieser recht umfangreiche Text enhält das Ergebnis der Umfragen und Antworten auf die *Lineamenta*, »ohne sie im eigentlichen Sinn zusammenzufassen«[126]. Da die meisten der Stellungnahmen zu den *Lineamenta* nicht veröffentlicht wurden, läßt sich nur schwer nachprüfen, inwieweit hier die aus aller Welt eingegangenen Vorschläge und Wünsche gesammelt, aufgenommen und verarbeitet wurden. Jedenfalls stellt der Text einen eigenen Entwurf dar und bringt nicht nur eine Materialsammlung aus den Eingaben. Allerdings erhebt dieses Papier nicht den Anspruch, eine vollständige Theologie des Laien zu bieten.

In einem ersten Teil bringt das *Instrumentum* einen Überblick »Zur Situation der heutigen Menschen im Licht des Glaubens«. Hier ist der Bogen überaus weit gespannt von der Entdeckung der Würde der Person bis hin zur Angst vor der Kernenergie, der ökologischen Krise, den Risiken der Biogenetik und der Informatik. Angesprochen wird der berechtigte Kampf für die Gleichberechtigung der Frauen, wobei darauf verwiesen wird, daß die Wertschätzung der Frau die Anerkennung ihrer Verschiedenheit vom Mann und damit von spezifisch fraulichen Werten voraussetzt: die Frau schenkt, sie »produziert« nicht Leben (Nr. 9). In diesem Überblick wird vom Bewußtsein der Laien von ihrem Kirche-Sein gesprochen, das zu einer Verlebendigung des Glaubens führte, vom Problem, wie die Communio der Kirche gelebt werden kann und welchen Ort die zahlreichen Vereinigungen, Gruppen und geistlichen Bewegungen einnehmen können.

Ein zweiter Teil ist überschrieben »Die Laien und das Geheimnis der Kirche«. Hier wird zunächst unterschieden zwischen Berufung und Sendung. Die Berufung wird dabei theologisch sehr hoch als »Teilnahme an der trinitarischen Liebesgemeinschaft« angesetzt (Nr. 15). In der menschlichen Arbeit, in Zeugung und Erziehung von Kindern, nimmt der Mensch teil am Schöpfertum des dreifaltigen Gottes. Auf der Basis dieser allgemeinen Berufung beruht dann die Sendung des Christen in die Welt und in der Kirche, die sich vor allem im sakramentalen Leben realisiert. Im Rückgriff auf das II. Vatikanum spricht der Text vom dreifachen Amt Christi, an dem auch die Laien Anteil haben. Dabei wird mehrmals betont, daß die *sacra potestas*, die kirchliche Vollmacht, dem Amtspriestertum bzw. der Hierarchie eigen ist (Nr. 25). Dabei gilt: »Den geweihten Amtsträgern eignet die Sendung, den Glauben mit Lehrvollmacht in der Welt zu verkünden. Die Laien dagegen haben die Sendung, den Glauben zu bezeugen« (Nr. 18). Der Unterschied zwischen Priestern und Laien wird hauptsächlich am Weltcharakter festgemacht: Es »darf die besondere Verwurzelung der Laien in der Welt nicht vergessen werden. Aus Rücksicht auf die Welthaftigkeit muß auch hier das Risiko ihrer Klerikalisierung vermieden werden« (Nr. 31). Das gilt in erster Linie für die Laien im kirchlichen Dienst, deren Beruf immer als Dienst und Aufgabe, nicht als Amt bezeichnet wird. »Die gegenwärtige Praxis bezüglich der Dienste, die nicht aus dem Weihesakrament hervorgehen und die den Laien anvertraut werden, bedarf grundlegender Klarstellungen. Der Unterschied zwischen den Aufgaben, die Laien übernehmen, und dem geweihten Amt muß verdeutlicht werden« (Nr. 32).

Der dritte Teil des Dokuments, »Zeugen Christi in der Welt« überschrieben, bringt die spirituellen und ethischen Grundlagen, die es den Christen erlauben, ein glaubwürdiges Zeugnis zu geben. Der Text spricht von der allgemeinen Berufung zur Heiligkeit, von den Seligpreisungen, von Aszese, Gebet, Sakramenten: Aussagen, die in ihrer Allgemeinheit ebenso für den Kleriker gelten wie für den Laien.

Weil die Kirche als ganze missionarisch ist, sind alle ihre Glieder berufen, »zur Ausweitung und zum Wachstum des Reiches Christi in der Welt beizutragen« (Nr. 46). Konkret werden als Arbeitsfelder für die Laien genannt: Ehe und Familie, Welt der Arbeit und Wirtschaft, Welt der Kultur und Wissenschaft, die Welt der Kommunikationsmittel sowie die Welt der Politik (Nr. 65–69). Als Bereiche, in denen sich die Sendung der Laien besonders verdichtet, werden alle Problemfelder angeführt: »Die vielfältigen und schweren Formen der Diskriminierung und Randexistenz, unter denen heute viele Menschen und ganze Völker aufgrund ethnischer, sozialer, wirtschaftlicher, politischer, kultureller und religiöser Unterschiede leiden. Wenn auch die Menschenrechte im moralischen Gewissen der Welt heute immer mehr Geltung bekommen, erfahren sie zugleich neue Verletzungen: von totalitären und autoritären Systemen; wegen unmenschlicher Lebensbedingungen und der Geißel des Hungers; durch ärgerniserregende Rassendiskriminierung (Apartheid); durch Einschränkungen und Verfolgungen im Bereich der Religionsfreiheit« (Nr. 64). Im Gegensatz dazu gilt: »Die Kirche setzt sich in vorderster Front ein für die unausweichliche Aufgabe, den Frieden zu wahren: Sie müht sich um die

Bekehrung der menschlichen Herzen, um das Zeugnis der Gemeinschaft und Versöhnung und klagt alle Mittel der Gewalt an; sie weiß, daß der Friede nur auf den Fundamenten von Wahrheit, Freiheit, Gerechtigkeit und Liebe erbaut werden kann. Die Kirche setzt ihre Hoffnung auf die Zusammenarbeit der Laien mit all jenen, die den Frieden suchen« (Nr. 64). Für die Bereitung zu diesem vielfältigen und schwierigen Apostolat und für einen rechten Vollzug der Sendung wird eine entsprechend fundamentale und ganzheitliche Erziehung und Ausbildung der Laien gefordert.

II. Die Synode und ihre Botschaft

Angesichts des überaus breitgefächerten Problemaufrisses, den *Instrumentum laboris* vorgelegt hatte, war es für die Synode schwer, zu einer präzisen Diskussion zu finden und eindeutige Aussagen zu formulieren. Offensichtlich war die Synode als Geschehen, als Begegnung von Bischöfen der Weltkirche und als Forum des Austausches verschiedener Erfahrungen bedeutsamer, als die konkret verabschiedeten Texte es zu zeigen vermögen. Zudem hatte sie keine sehr gute Presse, nicht zuletzt wegen ihrer offensichtlicht restriktiven Öffentlichkeitsarbeit und dem Versuch der Geheimhaltungen aller Beratungen. Neben den Bischöfen haben auch Laien mitgewirkt: unter den 60 Auditores, den »Dauerhörern« waren auch 27 Frauen, außerdem wurden Gäste ad hoc eingeladen, die zu bestimmten Themen reden konnten.

Die Synode begann mit einer ausgedehnten 14tägigen Generaldebatte, in der nach freier Wortmeldung die verschiedensten Positionen vorgetragen und zum Arbeitspapier Stellung genommen wurde. Anschließend hat man in den nach Sprachen aufgeteilten Kleinzirkeln drei Tage lang beraten und jeweils Berichte im Umfang von 6 bis 29 Schreibmaschinenseiten angefertigt. An weiteren drei Tagen erarbeiteten die gleichen Zirkel die sogenannten *Propositionen*, zumeist thesenartig formulierte Sätze, aus denen dann eine gemeinsame Liste von Vorschlägen für die Hand des Papstes zusammengestellt wurde. Diese war nicht für die Öffentlichkeit bestimmt. An sie wandte sich die von der Synode verabschiedete *Botschaft an das Volk Gottes*.

In der einleitenden Generaldebatte der Synode, in der die Probleme am freimütigsten angesprochen wurden, haben sich vor allem drei Fragenkomplexe herauskristallisiert: die Relation von Amt und Laie, das Verhältnis von katholischen Verbänden, Ortskirchen und den neuen Bewegungen sowie die Rolle und Stellung der Frau in der Kirche[127].

In der Verhältnisbestimmung von Laien und Amt war man offensichtlich bestrebt, die negative Bestimmung: Laie = Nichtkleriker zu überwinden. So sagte Kardinal Ratzinger, der Laie sei in sich nicht Laie, sondern einfachhin Christ. Während der »Priester wesentlich durch seine von Christus getragene Beziehung zur Gemeinde definiert« sei, definiere sich »der Laie nicht ebenso durch seine Beziehung zum Priester«[128]. Und nur in dieser Beziehung, nicht in sich, sei er »Laie«. Kardinal Wetter verwies in einem Interview mit dem Osservatore Romano sogar darauf, »daß es in manchen Gegenden der Weltkirche das Wort ›Laie‹ gar nicht gibt«[129]. Überwunden wurde offensichtlich auch die Einteilung in Weltdienst und Heilsdienst. Klerus und Laien komme auf je eigene Weise beides zu, Welt- und Heilsdienst umschließen einander »ungetrennt und unvermischt«.

Besondere Überlegungen wurden angestellt angesichts der sowohl in den Orden und Säkularinstituten wie bei den qualifizierten kirchlichen Berufen entstandenen »Grauzone« zwischen Priestern und Laien. Auf soziologisch-funktionaler Ebene hat Kardinal Ratzinger dabei vorgeschlagen: »Wer beruflich eine Funktion auf Dauer in der Kirche bekleidet, ist in diesem Sinne kein Laie«[130]. Diese Äußerung greift einen Vorschlag von Karl Rahner auf, der bisher auf kirchenamtlicher Ebene auf wenig Gegenliebe gestoßen war.

Kontrovers wurde die Diskussion beim Thema *Neue Bewegungen.* Neben den traditionellen Strukturen von Diözese und Pfarrei einerseits und Verbänden bzw. der Katholischen Aktion andererseits ist in den vergangenen Jahrzehnten ein breites Spektrum von »neuen geistlichen Bewegungen« bzw. »neuen kirchlichen Bewegungen« (Movimenti ecclesiali), wie sie auf der Synode genannt wurden, entstanden. Zu ihnen gehören u. a. so unterschiedliche Gruppierungen wie Focolarini, Schönstattbewegung, Charismatische Bewegung, Communione e liberazione und das Opus Dei. Die beiden letztgenannten Bewegungen werden vom Papst gefördert. Sie machen durch kulturelle und politische Aktivitäten, durch eine intensive Öffentlichkeitsarbeit und offensichtlich auch durch ein forsches Vorgehen im wirtschaftlichen Bereich von sich reden. Ihre Vorsitzenden waren, obwohl nicht Bischöfe, zur Bischofssynode geladen. Es kam zu Kontroversen mit Kardinal Carlo M. Martini von Mailand, dem Sitz von Comunione et liberazione, der dieser Bewegung und ihren autoritären Strukturen sehr reserviert gegenübersteht[131]. In der Synodenaula wurde die Befürchtung laut, diese Bewegungen könnten als kirchliche Parallelorganisation die bisherigen Strukturen von Diözese und Pfarrei überlagern und die Kirche könne sich allzu unkritisch in politische Ambitionen und wirtschaftliche Interessen hineinziehen lassen.

In der Behandlung der Frauenfrage ging das Lob für die Leistungen der Frauen und Mütter in der Kirche einher mit der Klage bzw. dem Eingeständnis der noch andauernden Ungleichbehandlung. Die Ordination von Frauen stand nicht zur Debatte, und auch für ihre Zulassung zum Diakonat wurden nur wenige Stimmen laut.

Die zum Abschluß der Synode veröffentlichte *Botschaft an das Volk Gottes*[132] bringt in breitem Rahmen, allerdings wesentlich kürzer und komprimierter als das *Instrumentum laboris*, die gemeinsame Würde und Berufung aller im Volk Gottes zum Ausdruck, ohne daß an die strittigen und diskutierten Punkte gerührt würde. So kommt der Text nicht über allgemeine und darum wenig weiterführende Formulierungen hinaus. Der Text betont seine Treue zum II. Vatikanum und der Wertung der Kirche als Volk Gottes. Er spricht über die allgemeine Berufung zur Heiligkeit, über die Kraft des Heiligen Geistes, der in der Kirche lebt und aus dessen Wirken Verbände und kirchliche Bewegungen gleichermaßen erwachsen. Die Botschaft handelt über Dienste und Ämter, die Männer und Frauen gemeinsam mit den Geistlichen und Ordensleuten ausüben. Er spricht jeweils an die Familien, die Jugend, die Frau in der Kirche und in der Welt, wobei auf Maria als »Urbild der weiblichen Würde« verwiesen wird. Die Pfarrei erscheint als »Gemeinschaft von Gemeinschaften«. Der Text nennt den Einsatz der Kirche im sozial-politischen Feld und die nötige Bildung der Laien. In einem abschließenden Artikel spricht die Synode direkt an die Völker der Welt, die Kranken, die Armen, Behinderten, die Familien, die Jugendlichen als die »Träger der Hoffnung in Welt und Kirche«, die Frauen, die »ihr kämpft für die volle Anerkennung eurer Würde und eurer Rechte«, die politisch und wirtschaftlich Mächtigen, die Bischöfe, Priester und Diakone, alle Katholiken, alle Christen, alle Glaubenden und alle Menschen guten Willens, und sie versichert ihnen allen: Die Kirche nimmt Anteil an eurem Leiden und Sehnen, sie erkennt sich wieder in jeder Bemühung des Menschen und sie ruft allen zu: verliert nicht den Mut, denn die Hoffnung enttäuscht nicht (Nr. 13).

Dieser Text ist in seiner breiten Vision und seiner universalen Solidarität mit allen Nöten und Hoffnungen der Menschen ein eindrucksvolles Zeugnis dafür, wie sehr sich die Synode mühte, in der Tradition des II. Vatikanums, vor allem der Pastoralkonstitution über die Kirche in der Welt von heute, Freude und Hoffnungszeichen für die Menschheit zu sein. Auf der anderen Seite entziehen sich aber derartige umfassende Visionen einer unmittelbaren Umsetzbarkeit und Praktikabilität. Die kleinen Schritte, wie nun die Laien in der Kirche in größerem Maße ernstgenommen werden sollen als bisher, wie ihre bestehende Diskriminierung überwunden und wie das Ideal der Kirche als Volk Gottes besser verwirklicht werden soll als bisher, darüber kann der Text keine konkreten Angaben machen. Vielleicht war das auch nicht die Aufgabe der Synode. Diese wurde ja nicht als Beschlußgremium, sondern als Beratungsgremium für den Papst berufen.

Für die Hand des Papstes hat die Synode die »Propositiones« verabschiedet, die ebenfalls veröffentlicht wurden[133]. Allerdings ist dieser Text kaum weniger allgemein gehalten als die Botschaft. Er enthält kaum prägnante Formulierungen und bringt eher vermittelnde Stellungnahmen als konkrete Vorschläge. So blieb von den Kontroversen um die »Movimenti«, ihre Grundtendenz und ihre Spannung zur Pfarrstruktur nur die Aussage: »So ergänzen die Vereinigungen und Bewegungen in glücklicher Weise die Aktivitäten von Pfarrei und Diözese. Die internationale Dimension einiger Vereinigungen fördert die Gemeinschaft der Gesamtkirche« (Nr. 12). Verhältnismäßig breit gehen die Vorschläge auf die Würde der Frau (Nr. 46 f.) sowie auf die christliche Ehe ein, wobei Geburtenregelung und die Enzyklika »Humanae vitae« deutlicher betont werden als in den vorbereitenden Papieren (Nr. 49 f.).

Der Papst wird gebeten, er möge »zum geeigneten Zeitpunkt der Gesamtkirche ein Dokument über Berufung und Sendung der Laien in Kirche und Welt vorlegen« (Nr. 1). Er ist dabei frei, welche Anregungen der Synode er aufgreift und welches Bild von der Kirche er entwirft. Der Erfolg der Synode wird vor allem auch davon anhängen, welche Schritte in der Praxis unternommen werden, damit die Kirche sich dem Ideal des Volkes Gottes annähert, und Verunstaltungen, die dieses Bild verdunkeln, etwas abgebaut werden.

Wenn wir diesen historischen Überblick zusammenfassen, läßt sich als erstes und wichtigstes Ergebnis festhalten, daß sich der Begriff des Laien entwickelt hat aus der Entgegensetzung zum Klerus. Je deutlicher sich der Klerus als eigener Stand darstellte und von den übrigen Kirchengliedern abgrenzte, um so mehr trat der Stand der Laien hervor als jene, die eben nicht Kleriker waren. Dieser Prozeß war von eminenter theoretischer wie praktischer Bedeutung. Wo immer man sich, wie dies beispielsweise im II. Vatikanum sichtbar wurde, mit einer negativen Umschreibung des Laien nicht mehr zufriedengeben wollte, wenn man beim biblischen Verständnis von *laós* ansetzte und positive Aussagen machen wollte, wurden die Definitionen mehr und mehr unscharf. So ist das zweite Ergebnis: Wer den Laien positiv umschreibt und nicht nur negativ abgrenzt, gerät in eine nicht überwindbare Definitionsnot. Der Laie läßt sich in positivem Sinne offensichtlich nicht so bestimmen, daß die über ihn gemachten Aussagen nicht auch für den Priester, den Bischof und vor allem für den normalerweise in Beruf und Ehe lebenden Diakon gelten würden. Auf der Basis dieses Befundes soll nun in einem zweiten Teil dargestellt werden, wie der Laie in theologisch-systematischer Sicht dargestellt und beschrieben wurde und wird. Dabei muß natürlich immer wieder auf die historischen Befunde zurückgegriffen werden. Aber während bisher die Fragestellung schwerpunktmäßig lautete: Wie ist der Laie zu dem geworden, was er heute ist?, soll nun danach gefragt werden: Wie kann man den Laien bestimmen, wer ist er theologisch und ekklesiologisch?

Zweiter Teil

SYSTEMATISCHE ENTWÜRFE

Es waren mehrere, voneinander weithin unabhängige Gründe, die um die Mitte des 20. Jahrhunderts dazu führten, daß nun mit einer bisher nicht gekannten Intensität die Frage nach dem Laien und nach seinem genuinen Platz in der Kirche gestellt wurde. Ein erster Ansatz war die Diskussion um die *Katholische Aktion*: der päpstliche Versuch, die Laien zwar zu motivieren und ihnen Verantwortung und Aufgaben zu übertragen, ohne ihnen andererseits Rechte und Eigenständigkeit zuzuerkennen. Dieser innere Widerspruch rief geradezu nach einer theologischen Klärung der Stellung des Laien. Dazu kam die Erfahrung einer fortschreitenden *Säkularisierung* und Entchristlichung in vielen Ländern Europas. Von ihr war am deutlichsten Frankreich betroffen — die päpstlichen Maßnahmen gegen den *Sillon* und die Trennung von Staat und Kirche haben ihre Früchte getragen. Mitten im Zweiten Weltkrieg stellte der Pariser Abbé *H. Godin* die Frage: »Ist Frankreich Missionsland?« Diese Frage hat eine breite Diskussion ausgelöst, die auch über Frankreich hinausgriff[1]. Heilmittel gegen das sich ausbreitende »Heidentum« sollte die Katholische Aktion sein. Man wollte, ganz in Missionsmanier, vor allem die Laien mobilisieren, die die Verkündigung auch an den Arbeitsplätzen gewährleisten sollten, zu denen der Klerus trotz der Versuche mit den Arbeiterpriestern letztlich keinen Zugang fand.

Einen weiteren Anstoß bildete die Bibelbewegung, die sich auch im katholischen Bereich durchsetzte. Man entdeckte die Idee des *Volkes Gottes* und die Herkunft des Begriffs *Laie* von den biblischen Aussagen über das Volk Gottes. Dies verband sich mit der liturgischen Bewegung, die schon seit dem Pontifikat Papst Pius' X. zu einer Aktivierung der Laien und zu ihrer aktiven Teilnahme am Gottesdienst geführt hatte, und die eine liturgieferne, mehr oder weniger private Laienfrömmigkeit während des Gottesdienstes mehr und mehr in Frage stellte und ablöste. Der vielleicht wichtigste Anstoß aber kam aus der praktischen Theologie und der Frage nach der *Spiritualität.* Wie sollte eine genuine Laienspiritualität aussehen, die anderen Gesetzen folgen muß als die mönchisch geprägte Klerikerspiritualität? Unabhängig voneinander sind um das Jahr 1950 in verschiedenen katholischen Zeitschriften, die sich zumeist nicht primär der wissenschaftlichen Theologie, sondern vielmehr der christlichen Spiritualität widmeten, Aufsätze oder auch ganze Sondernummern zu dieser Thematik erschienen. Die Besinnung auf den Laien in der Kirche lag damals offensichtlich in der Luft. Das Problem war allzu lange verdrängt von einer Engführung der Ekklesiologie und der Spiritualität auf Klerus und Hierarchie.

Andererseits hatte schon die Thematik *Laie* immer noch mit erheblichen Widerständen zu kämpfen. Vor allem im französischen Sprachraum war man es gewohnt, mit dem Wort Laie den *Laizismus* zu assoziieren, also den Kampf nicht nur gegen einen überholten Klerikalismus, sondern gegen Religion und Kirche überhaupt. Dieser Laizismus hatte sich die Entkirchlichung und Entchristlichung der Öffentlichkeit, der Familien und vor allem der Schulen auf das Banner geschrieben. Im Französischen gehen die Begriffe Laie und Laizismus noch immer ineinander über und können einen deutlich antireligiösen Gehalt annehmen. So geriet jede Betonung der Eigenbedeutung und der Würde von Laien leicht in den Verdacht eines Angriffs auf Klerus und Kirche und Christentum insgesamt. Andererseits sind auch die apologetischen Schriften, die vor der »Pest des Laizismus« warnten, nicht immer der Gefahr entgangen, selbst die genuinen Rechte von Laien in der Kirche in Frage zu stellen[2].

In dieser Problemlage galt es zunächst einmal zu klären, wer in der Kirche als Laie bezeichnet werden muß, was den Laien ausmacht, wie er zu umschreiben oder, wenn überhaupt möglich, zu definieren ist. Worüber spricht man, wenn man vom Laien redet?

A

WAS IST EIN LAIE?

I. Die Diskussion um die Katholische Aktion

Vornehmlich in Frankreich war der wichtigste Ausgangspunkt die Diskussion um die Katholische Aktion und ihre Ansprüche. Die Wunden, die die Affaire um den *Sillon* geschlagen hatten, waren noch keineswegs verheilt. Das zentrale Werk, das von dieser Themenstellung ausgehend eine umfassende Theologie des Laien entwarf, stammt von Yves Congar: Der Laie[3]. Es erschien im französischen Original erstmals 1952, und erlebte in der deutschen Übersetzung drei Auflagen.

a) Yves Congar

In dem fast 800seitigen Werk Congars über den Laien ist nicht nur die gesamte Tradition des Problems zusammengefaßt, dargestellt und aufgearbeitet, es sind hier auch die Weichen gestellt für die weitere Arbeit in der Theologie wie in den kirchenamtlichen Verlautbarungen. Darum muß an dieser Stelle nur in Einzelfällen auf systematische Erörterungen zurückgegriffen werden, die zeitlich (und zumeist auch sachlich) vor Congar liegen. Alle später erschienenen Studien beziehen sich durchwegs auf dieses Werk. Und auch die Aussagen des II. Vatikanums zum Thema Laie und die Bemühungen um die Überwindung eines Klerikalismus sind nur vor diesem Hintergrund zu verstehen. Auf dem II. Vatikanum hat die Arbeit Congars somit eine eindrucksvolle Bestätigung gefunden.

Zunächst aber stieß das Buch keineswegs auf ungeteilten Beifall, es bestand sogar die Gefahr seiner Indizierung. Congar schrieb in die noch vorkonziliare Situation hinein, und Aussagen, die uns heute als selbstverständlich erscheinen, konnten durchaus zu innerkirchlichen Verdächtigungen führen. Dies erklärt die teilweise sehr zurückhaltende Terminologie des Werkes. Congar wendet alle Mühe auf, seine Auffassung als mit der päpstlichen Lehre in Übereinstimmung stehend zu erweisen.

In einem ersten Teil nähert sich Congar auf geschichtlichem Weg einer Bestimmung des Begriffs des »Laien«. Er gibt einen historischen Aufriß über die Entwicklung eines eigenen Laienstandes in Abgrenzung und im Gegensatz zum Stand des Klerus. In positiver Weise bestimmt er den Laien durch dessen Weltbezug. »Die Kleriker und die Mönche (sind) von Standes wegen und unmittelbar auf die überirdischen Dinge hingeordnet; ... die Laien sind, von Standes wegen und unmittelbar, obwohl nicht ausschließlich, auf die irdischen Dinge hingeordnet« (S. 43). Während die Kleriker auf die Erstursache zu blicken haben, also auf den Gott, der letztlich alles ins Dasein ruft und im Sein erhält, ist das Reich der Laien jenes der Zweitursachen, das der innerweltlichen Kausalitäten. Die Zweitursachen sind ihrer Natur gemäß auf die Erstursache hin offen, von ihr abhängig, aber das Wissen um Gott als die Erstursache setzt keineswegs die Bedeutung der Zweitursachen außer Kraft. Die Laienbewegung besteht nach Congar gerade in der Konzentration auf die Zweitursachen: »Daß die innere Wahrheit der Zweitursachen durch die Erstursache beschlagnahmt wurde, dagegen erhob sich die moderne Laienbewegung, die im Grunde die Rechte der

Zweitursachen, d. h. der irdischen Dinge wieder zur Geltung bringen wollte ... Diese Art von Laientum weigert sich nicht, an Gott zu glauben; es verlangt nur, auch die Dinge zu respektieren. Es will ihre Natur, Gesetze und Forderungen achten; es ist der Meinung, daß es zwar Menschen geben muß, die sich ganz dem Absoluten, dem einzig Notwendigen weihen, die Gesamtheit der Menschen jedoch den Weg zu Gott gehen muß, ohne den Weg abzukürzen, ohne den Dingen der Welt und der Geschichte auszuweichen« (S. 48 f.). Und so kommt Congar zu der Definition: »Ein Laie ist ein Mensch, für den die Dinge existieren, für den ihre Wahrheit nicht durch eine höhere Beziehung wie versunken und abgeschafft ist. Denn was es für ihn, christlich gesprochen, auf das Absolute hinzubeziehen gilt, das ist gerade die Wirklichkeit der Elemente dieser Welt, deren Gestalt vergeht« (S. 51). Klerus und Laien sind damit letztendlich auf das gleiche Ziel hingeordnet. Aber während der Klerus dieses letzte und höchste Ziel unmittelbar in den Blick nimmt, versuchen es die Laien vermittelt über die Zweitursachen, also in der Welt und durch sie zu erreichen. Sie dürfen die Welt nicht außer acht lassen und den Weg zu ihrem Ziel nicht abkürzen.

Nun sind aber nach Congars Überzeugung Klerus und Laien nicht so voneinander getrennt, daß die einen sich um das letzte Ziel des Menschen, die anderen um innerweltliche, vorläufige Ziele zu kümmern hätten, die einen für die Kirche, die anderen für die Welt zuständig wären. Vielmehr sind, wie die Diskussion bereits vor Congars Werk immer wieder betont hatte, auch die Laien vollberechtigte Glieder der Kirche und haben damit auch innerkirchliche Aufgaben, Pflichten und damit auch Rechte. Um dies im einzelnen darzulegen, setzt Congar an bei der Lehre vom *dreifachen Amt* Christi und der Kirche. »Die Kirche ist in hierarchischer Weise königlich, priesterlich und prophetisch, um den Menschen das Leben in Christus zu übermitteln; insofern die Gläubigen ihm angeglichen sind, leben sie geistlich aus einem Leben, das königlicher, priesterlicher und prophetischer Art ist« (S. 180). Zwar wurde diese Lehre von den drei Ämtern »kaum eher als nach dem 16. Jahrhundert« formuliert, und an ihrer Ausgestaltung hat »die protestantische Theologie einen gewissen Einfluß gehabt« (S. 100), aber inzwischen hat dieses Konzept auch im katholischen Denken und selbst auf lehramtlicher Ebene eine solche Bedeutung erlangt, daß es als traditionsgemäß und damit als akzeptiert angesehen werden kann. In der Durchführung seiner Arbeit stellt Congar dar, daß in jedem dieser drei Ämter, die von Christus der Kirche übergeben sind, die Laien unableitbare, originäre Rechte haben, daß sie am priesterlichen, prophetischen und königlichen Amt teilnehmen, und daß diese Ämter keineswegs dem Klerus allein vorbehalten sind.

In der Frage nach dem *Priestertum der Laien* legt Congar nach einer Darstellung des besonderen Priestertums die Lehre vom allgemeinen Priestertum aller Gläubigen dar. Dieses sieht er begründet unter anderem in der Berufung aller zur Heiligkeit, im Leben in der christlichen Ehe als der kleinsten Zelle der Kirche, im Bekenntnis und in der Verkündigung des Glaubens in der Welt, in einer aktiven Teilnahme aller an der Liturgie, wobei Congar vor allem auf die liturgische Bewegung und auf die von Papst Pius X. propagierte Eucharistiefrömmigkeit verweist, sowie in der Fähigkeit der Christen zur Spendung der Sakramente. Besondere Bedeutung nimmt dabei die Darstellung der *Laienbeichte* ein, die in der abendländischen Kirche zwischen 1000 und 1500 weitverbreitet war, und der Thomas von Aquin »eine Art sakramentalen Werts« zuerkannt hat (S. 357). Dabei wendet sich Congar gegen Bestrebungen, den Laien, die irgendwelche liturgischen und sakramentalen Handlungen vollziehen, die niederen Weihen zu spenden: »Das käme letzten Endes auf die Behauptung heraus, daß man zu solcher Arbeit nur in der Eigenschaft als Kleriker befähigt sei und daß infolgedessen der Aufbau der Kirche und die Bereicherung ihres Lebens ein Vorrecht des Klerus sei. Dieses ganze Buch ist eine Absage an dieses bedauerliche Vorurteil und sollte es, soweit es nötig ist, widerlegen. Es zeigt von Anfang bis Ende, daß die Laien zur Kirche gehören, die Kirche bilden und aufbauen und in ihrem Bereich deren Funktionen und Akte ausüben . . . Zu ihrer Befähigung oder selbst ihrem Auftrag zum Apostolat bedarf es keines Rückgriffes auf irgendein Mittel, das dem Stand des Klerus eigen ist« (S. 368).

Wie am Priesteramt haben die Laien auch am *Königsamt* der Kirche ihren unmittelbaren Anteil. Hier verweist Congar neben der Betonung der geistigen Freiheit des Christen auf innerkirchliche Vollmachten, die Laien in der Geschichte der Kirche ausgeübt haben und immer noch ausüben: Ihre Rolle bei Wahlen und der Besetzung kirchlicher Ämter, ihre Stellung in den frühchristlichen Konzilien, die Rechte, die Fürsten in der Kirche innehatten. Congar führt daneben das Faktum des Gewohnheitsrechts und einer Initiative von unten an, die Rechtskraft erlangen können. Sie widerlegen das Vorurteil, in der Kirche gäbe es allein eine Willensbildung von oben nach unten. Auch Laien schaffen Recht in der Kirche und sie haben überdies Anteil an kirchlicher Verwaltung und Rechtsprechung.

Hinsichtlich des *Prophetenamtes* und des Anteils der Laien an ihm verweist Congar auf die Tatsache, daß Laien im Leben der Kirche, wenn auch nicht in ihrer Struktur, ihrem Amt, vom Geist erleuchtet sein können, daß sie beispielsweise in der Katechese mitwirken an der Verkündigung. Durch den *sensus fidelium* sind sie aktiv beteiligt an der Bewahrung und Entfaltung des Glaubensgutes und selbst des Dogmas. Ihre Charismen stehen zwar jeweils unter der Oberaufsicht der Hierarchie; dennoch vermögen sie durchaus auch eigene Anregungen zu vermitteln. Es gibt eine Lehrverkündigung im Sinn des Apostolats und eine wissenschaftliche Verkündigung, die sich von der Ausübung des hierarchischen Lehramts deutlich unterscheiden. Vor allem aber können Laien die Hierarchie beraten, wie es zum Beispiel bei der Vorbereitung der Sozialenzykliken praktiziert wurde. Als Höhepunkt stellt Congar die Geschichte der Laienpredigt im Mittelalter dar.

Bei all diesen Ausführungen ist die Vorsicht, mit der Congar argumentiert, geradezu mit Händen zu greifen. Wie kompliziert und prekär die Situation zehn Jahre vor Beginn des II. Vatikanums noch war, zeigt seine ausführliche Erörterung der Frage: »Ist das Lesen der Heiligen Schrift den Laien verboten oder abgeraten?« (S. 509). Auf mehr als 20 Seiten dokumentiert er, daß alle einschränkenden Verordnungen in dieser Beziehung allein aus den Angriffen der verschiedenen Sekten zu erklären sind und daß sie nie ein prinzipielles Verbot der Bibellektüre darstellten. Im Gegenteil gilt, die Kirche habe immer alles getan, um den Gläubigen die Schrift zugänglich zu machen. Sie hat nur die Bedingung aufgestellt, daß dieses Lesen in der Kirche recht geschehen müsse (S. 529).

Eine praktische Anwendung dieser Prinzipien gibt Congar in seinen Ausführungen zur Katholischen Aktion und zur Laienspiritualität.

Hinsichtlich des Apostolats der Laien unterscheidet Congar, wie in der kirchenamtlichen Terminologie bereits vorbereitet, die »Aktion der Katholiken« von der »Katholischen Aktion«. Während vor allem Papst Pius X. beides sehr eng zusammensah, »beide Ausdrücke ziemlich unterschiedslos anwendete[4]« und damit die Organisationsstruktur der Katholischen Aktion in allen Aktionen von Katholiken durchsetzen wollte, betont Congar die Differenz zwischen beidem. »Es gibt und gab immer schon ein Apostolat der Laien, das älter ist als die Katholische Aktion und das in gewisser Hinsicht auf Grund der sakramentalen und außersakramentalen Gaben, die den Christen ausmachen, umfassender ist als sie« (S. 601 f.). Diese allgemeine Sendung, die allen Christen durch Taufe und Firmung und durch den Empfang des Geistes unmittelbar zukommt, kann durch eine besondere Sendung durch die Hierarchie quasi ex officio »aufgenommen und emporgehoben (werden) auf die Höhe einer vollkirchlichen Tätigkeit« (S. 602), also zur Katholischen Aktion werden. In diesem Rahmen ist dann auch die Unterordnung unter die Hierarchie mitgegeben. Aber auf einer unteren Ebene gibt es vor jeder offiziellen, amtlichen Sendung schon eine mit dem Kirchesein gegebene Verpflichtung und Berechtigung zum Apostolat, in der die Unterordnung unter die Hierarchie noch nicht akut wird. Diese allgemeine Sendung zielt auf die christliche Einflußnahme in einer bestimmten Umwelt, und sie ergänzt die Sendung des Priesters. Damit gibt es für die Laien einen eigenen Bereich, in dem sie eine ihnen spezifische christliche Sendung haben, die Kleriker nicht erfüllen können. Und damit ist ein Raum aufgetan, in dem ihnen in aller Freiheit und Unmittelbarkeit ihre Sendung als Christen zukommt.

Eine *Spiritualität* für Laien kann Congar zufolge nicht allein dem mönchischen Ideal folgen und von der Idee bestimmt sein, die Welt loszulassen, weil sie vorübergeht und das Kreuz über ihr steht. So wichtig dieser Gedanke für jede Spiritualität, und darum auch für den Laien ist und sein muß, so wenig kann von ihm allein her eine Frömmigkeit für diejenigen entworfen werden, die nun einmal gemäß ihrer Berufung in der Welt leben. Zwar gibt es kein christliches Leben, das im Vollsinn nur weltlich wäre, aber der Laie ist eben dazu berufen, die *Zweitursachen* ernst zu nehmen. Aber er muß auch erkennen und anderen deutlich machen, daß es *Zweit*ursachen sind, die auf Gott als die Erstursache hin offen sind. Das erfordert nach Congar eine Moral, die sich zwischen einer völlig passiven Unterwerfung unter ein für allemal festgelegte Normen und einer reinen Situationsethik bewegt, die keine Allgemeingültigkeit und Universalität mehr festhalten kann. Es gilt, jeweils in der konkreten Wirklichkeit, wie sie uns begegnet, den Anspruch zu erkennen, den Gott erhebt. Dabei könnte nach Congar die thomistische Lehre von der Klugheit und von den Gaben des Geistes einen Weg eröffnen. Der Schwerpunkt der Argumentation liegt für Congar in der Bedeutung der selbstverantwortlichen Entscheidung des einzelnen: »Es bleibt noch viel zu tun, um die Laien von ihrer Manie zu heilen, immer Bestimmungen zu suchen, die sie von der Verpflichtung entbinden, selber ihre Probleme zu durchdenken — und die Kleriker von ihrer Gewohnheit, alles vorzusehen, zu entscheiden und vorzuschreiben. Ein glückliches Zurechtrücken aller Dinge würde aber voraussetzen, daß die wunderbare thomistische Theologie über die Klugheit wieder eingesetzt wird, zunächst bei den Theologen und in den Handbüchern für die Ausbildung der Kleriker, um dann den Gläubigen vorgelegt und in lebensnaher Weise auf die großen Nöte der heutigen Gewissen angewendet zu werden« (S. 715 f.).

In einem Rückblick aus dem Jahr 1976 auf sein Buch über den Laien stellt Congar fest, daß seine damalige Wertschätzung des Laien von der Situation her bedingt letztlich »noch ziemlich klerikal«[5] war. Es fällt heute auf, in welchem Maß Congar sich damals bemühte, sein Ringen um einen erweiterten Spielraum für die Laien, wo irgend möglich, mit päpstlichen Aussagen zur Katholischen Aktion zu belegen und damit als rechtgläubig darzutun. Wenn man diese geradezu ängstliche Bemühung aus den 50er Jahren betrachtet, kann man auch den Neuansatz würdigen, den das II. Vatikanum in der Frage der Laien gebracht hat[6].

b) Gérard Philips

Das monumentale Werk Congars hat seit seinem Erscheinen die Diskussion um den Laien bestimmt. Vor allem die Lehre von den drei Ämtern Christi und der Teilhabe auch der Laien an ihnen hat sich weithin durchgesetzt, sie wurde selbst in den Aussagen des II. Vatikanums über den Laien strukturbildend. Der Löwener Dogmatiker G. Philips[7] versuchte — bei aller Verpflichtetheit gegenüber Congar — den Auftrag von Laien und Priestern stärker zu vereinheitlichen, so daß die Trennung zwischen beiden bei ihm zunächst weniger deutlich ist. Vor allem äußert er seine Zweifel an einer Festlegung der Laien auf den weltlichen und einer Einengung der Priester auf den geistlichen Bereich. In dieser

Argumentation sieht er letztlich kirchenfeindliche Strömungen neu entstehen: »Die Priester, so sagte man, können sich nach dem *Jenseits* richten, aber die freien Bürger ordnen diese Welt, das *Diesseits*, in völliger Unabhängigkeit — nur so wird Friede sein. Drängt sich da für unser Problem nicht die gleiche Unterscheidung auf? Auf der einen Seite die religiösen Interessen als Aufgabenbereich der Geistlichen, ihnen gegenüber die profane Ordnung, die von Rechts wegen den Laien zukommt. Über Nacht wären alle unangenehmen und unfruchtbaren Konflikte aus der Welt geschafft. Die Pfarrer und Mönche sollen die Liturgie feiern und sich um die Seelen sorgen. Der unabhängige Laie soll an der irdischen Gesellschaft bauen und den zeitlichen Fortschritt sichern« (S. 77). Philips will mit dieser Polemik sicher nicht Congar treffen, dessen Konzeption der Zweitursachen alles andere eher als eine schiedlich-friedliche Trennung ist. Aber dennoch spielt für Philips der Laie auch im innerkirchlichen Bereich eine größere Rolle als bei Congar. Er beginnt bei der Darstellung des Wirkungsfeldes der Laien in der Kirche. »Wenn wir nun die Aufgaben des Laientums behandeln, dann müssen wir zuerst von seiner religiösen Wirksamkeit sprechen. Diesen Punkt übersehen, hieße den Laien das Schönste ihrer Berufung vorenthalten und ihnen nur ein halbes Christentum zeigen. Sie wären dann zwar voll ›engagiert im Leben der Welt‹, aber auch abgeschnitten von allen überweltlichen Bindungen« (S. 78 f.). Philips stellt dar, daß der Laie Anteil hat am allgemeinen Priestertum, in der liturgischen Bewegung, daß die Familie die kleinste Zelle der Kirche bildet, er kommt zu sprechen auf die Verkündigung durch Laien und auf den Glaubenssinn der Kirche, den *sensus fidelium*. Laien haben Anteil an der Hirtenaufgabe, wenn von ihnen eine Kraft zur

Reform der Kirche ausgeht, die auch eine Kritik am Bestehenden und am Klerus beinhaltet. Der Gedanke, der Philips zentral bestimmt, ist die Idee der Inkarnation, die jede Trennung von Geist und Welt, von Kirche und Staat, von Klerus und Laien, von »oben« und »unten« überbrückt. Geleitet von dieser Idee fordert er, daß die Kirche »mit Fleisch und Blut der irdischen Gesellschaft in Kontakt treten« muß (S. 163). Dies richtet sich gegen die nach seiner Überzeugung desinkarnierte Kirche seiner Zeit: »Man wähnt eine geläuterte und gereinigte Kirche zu haben und gibt sich gar keine Rechenschaft darüber, daß man sie verflüchtigt hat« (S. 166). Die christliche Lehre von der Inkarnation macht eine »Zweistocktheologie« unmöglich, aber ebenso eine Nebeneinanderstellung von kirchlichem und weltlichem Bereich in schiedlich-friedlicher Trennung und gegenseitiger Bedeutungslosigkeit.

Auf diese Weise gelingt es Philips, eine schroffe Trennung von Laien und Klerus zu vermeiden, die Laien werden weder im Gegensatz zum Klerus noch von einer einseitigen Festlegung auf einen Weltauftrag her definiert. So sehr sich Philips bemüht, die Laien in der Kirche zu beheimaten und ihnen einen unverwechselbaren Auftrag zukommen zu lassen, der nicht aus der Hierarchie hergeleitet wird, so sehr ist er andererseits dazu gezwungen, die Sonderstellung, die Vollmacht des Klerus und die Pflicht der Laien zum Gehorsam zu betonen. Er will und muß auf alle Fälle vermeiden, den Eindruck zu erwecken, er habe die Selbständigkeit und Eigenverantwortlichkeit der Laien überbetont. So verwehrt er sich entschieden gegen eine Autonomie und Selbständigkeit der Laien, in der die Kirche »durch einen laizistischen Wind verpestet« (S. 184) wird. Nicht von ungefähr wurde im Jahr, als die deutsche Übersetzung seines Buchs erschien, das Werk von J. Thomé, Der mündige Christ[8], auf den Index gesetzt.

II. Auf der Suche nach einer Laienspiritualität

Im deutschen Sprachbereich spitzte sich die Auseinandersetzung um die Katholische Aktion bzw. um die Freiheit und Unmittelbarkeit des Apostolats von Laien nicht so zu wie in Frankreich. Der Gewerkschaftsstreit war nicht so tief gegangen wie die Verurteilung des Sillon, und er endete mit einem Kompromiß. So konzentrierte sich die Frage nach dem Laien in Deutschland weniger auf die Katholische Aktion, als vielmehr in erster Linie auf die Problematik einer *Laienspiritualität.* Es geht nicht an zu sagen, daß allein der Mönch sein Leben gemäß dem Ideal christlicher Frömmigkeit führt, alle anderen Stände der Kirche, Weltpriester und Laien dies in abgeschwächter Form in dem Maße tun, als sie mit der mönchischen Aszese übereinstimmen. Während beim Weltpriester bereits eine weitgehende Angleichung an das Mönchsideal stattgefunden hat und hier die evangelischen Räte der Ehelosigkeit, des Gehorsams und — wenn auch nur in sehr abgeschwächter Form — der Armut verwirklicht werden, bleibt der Laie weitestgehend von all diesen Idealen ausgeschlossen. Zwar gab es durchaus Bemühungen, die evangelischen Räte so zu deuten, daß sie auch für die Frömmigkeit und die Lebensführung des Laien adaptierbar wurden, aber letztlich blieben diese Versuche recht gewaltsam und vermochten nicht den Eindruck zu verwischen, daß Laien doch nur wegen der begrenzten Fähigkeit und Bereitschaft der großen Masse, das eigentliche Ziel zu verwirklichen, toleriert und notgedrungen akzeptiert werden können.

Vor diesem Hintergrund entstand die Diskussion um eine eigenständige Laienspiritualität. Symptomatisch war der Protest, den J. Pieper in seiner Antwort auf die europäische Rundfrage der Zeitschrift »Wort und Wahrheit« zum Thema »Der Laie und die Heiligung der Welt« im Jahr 1958 gab. Er wandte sich gegen den »Kurzschluß einer ›religionistischen‹, weltlosen Religiosität, welche die natürliche Schöpfung überspringen zu können meint«[9]. Es kam allgemein zum Ausdruck, daß eine genuine Laienspiritualität die innerweltlichen Gegebenheiten ernstzunehmen habe. Der Laie sei durch seine Eingebundenheit in die weltliche Wirklichkeit charakterisiert und ihm müssen Hilfen angeboten werden, damit er in seinem Stand in der Welt und in seinem weltlichen Beruf als Christ bestehen kann.

a) Franz Xaver Arnold: Fromm sein in der Welt

Es ging in der Diskussion um die Frage, wie sie Franz Xaver Arnold formulierte: »Haben Kultur und Zivilisation, Technik, Wirtschaft und Wissenschaft doch auch irgendwelche Beziehung zu jener letzten Wirklichkeit des Reiches Gottes, und welcher Art ist dann diese Beziehung?«[10] Arnold führte aus, daß nach christlicher Überzeugung, so wie sie im Mittelalter vornehmlich von Thomas von Aquin entwickelt wurde, ein Eigenwert, eine »relative Eigenständigkeit und Eigengesetzlichkeit des profanen Bereichs gegenüber dem geistlichen« postuliert wurde (S. 128 f.). Es genügt also nicht, die weltlichen Wirklichkeiten nur als Mittel im Dienst an der Kirche und ihrer spirituellen Ziele zu betrachten, sie haben ihre Bedeutung in sich und aus sich, unabhängig von ihrer Nutzbarmachung für letzte Ziele. Für die autonome Welt aber sind die Laien zuständig. »Damit ist aber auch die Notwendigkeit und der Eigenwert des Laienstandes gegeben, der im Unterschied zum geistlichen Stand nicht ausschließlich den himmlischen Dingen zu leben, sondern das Werk Gottes *in* dieser Welt zu tun hat, wie es eben nach des Schöpfers Willen *in* der Welt zu tun ist. Den ›laikalen‹ Menschen interessieren die Dinge dieser Welt nicht nur — wie das leicht beim Geistlichen der Fall ist —, insofern sie einen überweltlichen Bezug haben, sondern vorzüglich um ihrer selbst willen, in ihrer immanenten Eigenwertigkeit und Eigengesetzlichkeit« (S. 129). Die christliche Frömmigkeit entwickelt sich nicht neben, sondern *im* Beruf. Die von Arnold vorausgesetzte Bestimmung des Laien ist deutlich: Er findet seine Identität durch den Weltcharakter, wobei die Welt als in sich werthaft erscheint. Diese Haltung wird bei Arnold nicht mehr negativ beurteilt, sondern als die Form gewertet, wie der Laie legitimerweise die ihm angemessene Frömmigkeit verwirklicht und damit der ihm zuteilgewordenen Berufung entspricht.

b) Der »weltoffene Christ« nach Alfons Auer

Dieses Denkmuster hat seine klassische Gestalt gefunden bei Alfons Auer in seinem Werk: Weltoffener Christ[11]. Auer gibt in einem ersten Teil einen historischen Überblick über die Wertung innerweltlicher Tätigkeit im Lauf der christlichen Tradition, wobei er vor allem die Hochschätzung von Berufsarbeit und Ehe im Mittelalter betont. Hier wurden Konzeptionen einer Laienfrömmigkeit entwickelt, die sich in der Kirche nach der Reformation so nicht mehr durchsetzen konnten und im Umkreis der Klerikalisierung mehr und mehr zurückgedrängt wurden. Aus der neuesten Theologiegeschichte zieht Auer vor allem den englisch-deutschen Religionsphilosophen *Friedrich von Hügel* heran, der wie kaum ein anderer die Bedeutung der innerweltlichen Realitäten und Notwendigkeiten für die christliche Spiritualität betont hat[12]. Von Hügel wird zum wichtigsten Gewährsmann Auers.

Eine christliche Laienspiritualität muß der Tatsache Rechnung tragen, daß der Laie in der Welt steht, daß er seinen Beruf ausübt und daß er in aller Regel in einer Familie lebt. »Seine Frömmigkeit kann und darf nicht weltlos sein. Sie muß vielmehr am Stoff der Welt verwirklicht werden« (S. 99). Dabei ist Auer in seiner Bestimmung des Laien vorsichtiger als die meisten anderen Veröffentlichungen zum Thema. Er stellt lediglich beschreibend fest, daß der Laie in der Welt lebt, und daß sich seine Frömmigkeit darum in ihr verwirklichen muß. Aber er vermeidet es, den Laien durch diesen Weltbezug gleichsam zu *definieren* und ihn soweit darauf einzuengen. Er betont ausdrücklich, in seiner Arbeit solle »nicht das ganze Gebiet der Laienfrömmigkeit behandelt werden. Die aus der innerkirchlichen Stellung des Laien sich ergebenden Gesinnungen und Verhaltensweisen werden ganz ausgeklammert ... Die Frömmigkeit des Laien soll hier nur nach ihrer weltzugewandten Seite dargestellt werden« (S. 74). So läßt Auer die Problematik des dreifachen Amtes und damit des allgemeinen Priestertums, die in anderen Veröffentlichungen durchwegs eine erhebliche Rolle spielt, ganz beiseite. Er beschränkt sich auf eine christliche Sicht der Welt, die gezeichnet wird als Werk Gottes, als gefallene und auf Erlösung angelegte Schöpfung. Die konkreten moraltheologischen Ausführungen zeigen die Möglichkeiten christlichen Lebens im technischen Handeln und in der Arbeit, in Familie und Ehe, sowie in der politischen Verantwortung auf. Das Augenmerk liegt dabei immer auf der Spiritualität, die sich in diesen Vollzügen selbst vollzieht.

Auer stellt also lediglich *einen* Aspekt der Frömmigkeit dar, der für den Laien zweifellos von erheblicher und entscheidender Bedeutung ist, der aber seine Frömmigkeit keineswegs allein bestimmen kann und vor allem nicht für ihn allein zutrifft. Auer widerspricht nicht *R. Egenter*, der gefordert hatte, in der Laienspiritualität müsse auch »das unmittelbar Gott zugewandte Verhalten des christlichen Laien« mitbedacht werden[13], aber dies macht er nun einmal nicht zu seinem Thema. Seine Verbindung von Weltoffenheit und Laienfrömmigkeit — die Schlüsselbegriffe des Titels seines Buches — ist nicht exklusiv verstanden, so als sei der Laie allein durch Weltoffenheit charakterisiert; er kann und soll durchaus auch auf Gott hin offen sein. Und vor allem behauptet Auer nicht, daß der Klerus nicht ebenfalls weltoffen sein müsse. Gerade die häufige Berufung auf Friedrich von Hügel beweist, daß die Weltoffenheit, von der Auer spricht, das Ernstnehmen der nichtreligiösen Wirklichkeiten als Stoff, der selbst eine mystische Hinordnung auf Gott erst ermöglicht, natürlich auch für den Priester unverzichtbar ist. Von Hügel hat eine Form der Mystik vorgestellt und sie auch selbst gelebt, die eben nicht an der Welt vorübergeht und eine vermeintliche Unmittelbarkeit zu Gott sucht, sondern die in den weltlichen Gegebenheiten Gott und seinen Anruf zu entdecken vermag. Die Zurückhaltung Auers in der Frage, ob es eine »spezifische Laienfrömmigkeit gibt oder nicht« (S. 73), beweist seine Skepsis hinsichtlich einer Definition des Laien, die ausschließlich dessen

»Weltbezug« ins Auge faßt und die dann im Gegensatz dazu den Klerus durch Weltlosigkeit bestimmt sehen müßte. Eine weltlose Religion kann so wenig das Ziel des Klerus sein wie eine gottlose Welt das des Laien. Eine derartige Definition würde weder dem Laien noch dem Klerus gerecht, und Auer hat dieses Mißverständnis konsequenter vermieden als manche andere Veröffentlichung.

c) *Hans Urs von Balthasar und das Ideal der Säkularinstitute*

Eine deutliche Kritik an der Idee der Katholischen Aktion kam von Hans Urs von Balthasar, und das bereits vor dem Erscheinen des Werkes von Congar, und zwar in der Arbeit: »Der Laie und der Ordensstand«[14]. Von Balthasar geht davon aus, daß in der Kirche der Stand des Klerikers und der des Laien gegensätzlich strukturiert sind: der Laie ist per definitionem nicht Amtsträger, der Amtsträger kann nicht gleichzeitig auch Laie sein. Diese Unvereinbarkeit der Stände scheint ihm im Konzept der Katholischen Aktion nicht gewahrt: hier hat der Klerus versucht, in einem autoritativen Akt rein von oben sich der Laien zu bemächtigen, und dies kann allein zu einer in sich widersprüchlichen Klerikalisierung des Laien führen. Während Klerus und Laie unvereinbare Stände sind, erscheint von Balthasar die Verbindung von Laientum und Rätestand, also dem Ordensstand, dagegen sehr wohl als möglich und für die Kirche sogar höchst angemessen, wenn nicht gar notwendig. Er stellt ausführlich dar, wie in der Alten Kirche, aber auch noch in den Laienbewegungen des Mittelalters, diese beiden Stände sich verbunden haben. Die Klerikalisierung der Orden erscheint ihm dagegen als Irrweg. Heute ließe sich die ursprüngliche und für die Kirche als ganze unverzichtbare Kombination von Laien und Rätestand wieder verwirklichen in den sogenannten *Säkularinstituten*. Diese sind nach seiner Überzeugung eindeutig dem Laienstand zuzuordnen, ihre Angehörigen sind keine Kleriker. Dennoch wird hier nicht ein Christentum zu ermäßigten Gebühren gelebt, sondern eine radikale und eindeutige Entscheidung getroffen und verwirklicht. Der Angehörige des Säkularinstituts bleibt in der Welt, geht also nicht hinter Klostermauern, und dennoch lebt er ein Christentum, das von der Härte seiner Entscheidung und Forderungen nichts preisgibt. »Nur in der Laienschaft kann sich das Pleroma Christi entfalten«[15]. Von Balthasar sieht es als seine Aufgabe, die Entschiedenheit für das letzte Ziel zu propagieren und jede Schleifung der Bastionen, jede Verbürgerlichung des Christentums anzuprangern. Nur der Ernstfall zeigt dem Christen seine Aufgabe. Der wahre Repräsentant der Kirche ist letztlich nicht der Amtsträger, sondern der Heilige, und dieser kann sehr wohl als Laie in der Welt leben, wenn er nur mit seiner Glaubensüberzeugung ernstmacht.

Der Laie ist nach von Balthasars Überzeugung also bestimmt durch sein Nicht-Kleriker-Sein, dadurch daß er nicht Amtsträger ist. Die Kombination von Klerus und Laien erscheint ihm ausgeschlosssen. Er warnt vor einer Orientierung der Priester an der Welt, mehr noch aber vor einer Klerikalisierung der Laien. »Der Run vieler junger Katholiken in Richtung ›Laientheologie‹ kann ... oft als Flucht und Verrat an der eigenen Aufgabe und als ein verkappter, unbewußter Klerikalismus angesehen werden«[16].

Diese absolute und gegenseitige Ausschließung von Laienstand und Amt hat nach von Balthasar aber nur ein relatives Recht. Er unterscheidet drei Ebenen der Kirche: Die erste Ebene ist ihr geschichtlicher Entstehungsgrund im Heilsplan Gottes und in der Menschwerdung des Wortes. Diese Ebene ist überamtlich. Das Ziel der Kirche, nach von Balthasar die dritte Ebene, ist die Sphäre des Lebens, also der christlichen Verwirklichung, und diese Ebene ist unteramtlich. Wo es um das Leben als Christ geht, dort hat die Aufspaltung in Klerus und Laien grundsätzlich keinen Platz. Die Kirche hat als ganze die Aufgabe, ihre Botschaft in der Welt kundzumachen und zu verwirklichen, und die Welt, in der die Laien leben, ist ihr damit kein »Fremdes«, das ihr gegenübersteht. Als ganzer obliegt ihr »die Darstellung des Heiligen im Profanen, die Verwirklichung des Reiches Gottes im Reiche dieser Welt«[17]. Als das Urbild des Christen bezeichnet von Balthasar auf dieser Ebene den christlichen Künstler. »Der Kirchenbauer hat mit den Mitteln des irdischen Materials und der weltlichen Technik das Heilige, Übernatürliche und Himmlische darzustellen, ja der Kirche selber zu einer Form zu verhelfen« (S. 344). Kirche zielt auf Welt und dies geschieht mittels der Laienschaft. Auf der Ebene des Lebens ist die Trennung von Klerus und Laien damit überwunden. In den Laien und durch ihr Leben gewinnt die Botschaft, deren Verkündigung Aufgabe des Klerus ist, ihre Gestalt.

Die klare und deutliche Unterscheidung zwischen Laien und Klerus liegt nach von Balthasar allein auf der Ebene der Vermittlung, die vom Amtlichen und Sakramentalen bestimmt ist, weil Christus es in seinem Heilsratschluß so wollte und weil er es so verfügt hat. Nur hier stehen sich »Amt und Nicht-Amt wie Plus und Minus« gegenüber, wobei das Plus, das Haben des Amtes, kein Privateigentum darstellt, sondern als Dienst an denen verstanden werden muß, um derentwillen es gestiftet wurde. Dennoch stehen sich hier Priester und Laie gegenüber als mitteilend und empfangend, wobei das Empfangen selbst als ein aktives Mitvollziehen dargestellt wird. Von Balthasar vergleicht dies mit dem Empfangen der Frau im Zeugungsakt, in dem die Frau »nicht weniger aktiv ist als der Mann, nur auf andere, weibliche Art« (S. 337). Eine Brücke, die Klerus und Laien auch auf dieser Ebene noch verbindet, erkennt von Balthasar in der Lehre vom allgemeinen Priestertum, das dem Laien eine Teilhabe an den Sakramenten eröffnet[18]. Darüber hinaus verweist er auf die Laienpredigt, die Lehrtätigkeit von Laien, sowie auf die Gabe der Prophetie, die auch Laien zukommen kann. All das ist nicht an eine Weihe gebunden, und von Balthasar wehrt sich dagegen, diese Aufgaben durch »niedere Weihen« oder einen Diakonat der Laien zu klerikalisieren, sie durch eine Katholische Aktion oder ein »drittordenshaftes Anhängsel an die monastische Welt« (S. 347) dem klerikal verstandenen Ordensstand zuzuweisen. Laie und Klerus sollen nach seiner Überzeugung möglichst klar voneinander getrennt bleiben, sie definieren sich durch ihre gegenseitige Ausschließlichkeit. »Der Laie gehört definitionsgemäß nicht zur kirchlichen Hierarchie« (S. 342). Doch diese Gegensetzung enthält bei von Balthasar keinerlei feindliches Element: »Der Laie schaut mit Ehrfurcht zum Amt auf, ohne dessen Vermittlung er keinen Zugang zum Heilsquell hätte. Der Priester aber schaut mit Ehrfurcht zum Laien auf, in welchem er Zweck und Ziel seiner dienenden Funktion sieht« (S. 342).

III. Der Laie als Amtsträger nach Karl Rahner

Karl Rahner bestimmt in seinem Aufsatz »Über das Laienapostolat«[19] den Laien negativ durch seine Nicht-Zugehörigkeit zum Klerus und positiv durch seinen Weltcharakter. Der Laie ist in der Welt und er hat keinen Anteil am kirchlichen Amt. Wo dagegen eine Teilhabe am kirchlichen Amt erfolgt — sei es an der Weihegewalt oder an der Jurisdiktionsgewalt —, dort kann nicht mehr von Laien gesprochen werden. »Überall dort, wo jemand auf irgendeine Weise rechtmäßig im *habituellen* Besitz irgendeines (über die Grundrechte jedes getauften Kirchenmitglieds hinausgehenden) Stükkes einer liturgischen oder rechtlichen Gewalt ist, ist er nicht mehr im eigentlichen Sinn *Laie*, er gehört eben nicht mehr zum einfachen ›Volk Gottes‹ ... Wo also die Kirche — mit oder ohne Weihe — nicht nur für einen Einzelfall, sondern habituell und berufs- und amtsmäßig jemandem ein beliebiges Stück dieser den Klerus vom Laien unterscheidenden Gewalt überträgt, macht sie ihn zum Kleriker« (S. 340 f.). Damit wird der Begriff Klerus erheblich ausgeweitet. Kleriker ist für Rahner jeder Inhaber eines kirchlichen Amts, kirchlicher Vollmacht, nicht allein der ordinierte Träger von Weihegewalt. Wer habituell, also nicht nur für einen konkreten Fall, sondern berufsmäßig, amtlich mit kirchlicher Vollmacht ausgestattet wird, ist damit Kleriker. »In diesem streng theologischen Sinn kann eine Frau durchaus zum ›Klerus‹ gehören« (S. 341).

Die Übertragung einer derartigen Vollmacht kann durch die Priesterweihe bzw. in einem hoheitlichen Akt der Kirche erfolgen, der die Priesterweihe voraussetzt, sie kann aber auch auf andere Weise geschehen. »Ein hauptamtlicher ›Laienkatechet‹, eine hauptamtlich angestellte Pfarrhelferin, ein hauptamtlicher Pfarrmesner usw. ist zwar nicht geweiht, aber doch nicht mehr eigentlich Laie« (S. 340). Rahner beruft sich hier vor allem auf die Praxis der Alten Kirche, in der die verschiedenen Ämter durch sogenannte »niedere Weihen« übertragen wurden. Diese waren nicht nur Vorstufen auf dem Weg zum Priestertum, sie waren vielmehr »die Übertragung eines bleibenden niederen Kirchenamtes, durch das dessen Inhaber zum Klerus gehörte« (S. 341).

Der Laie ist dadurch gekennzeichnet, daß er an der kirchlichen Gewalt keinen Anteil hat: weder an der Jurisdiktionsgewalt noch an der Weihegewalt. Somit gilt: »Dort hört der Laie auf, wo in irgendeinem Umfang eine ganze oder teilweise Anteilnahme an der potestas iurisdictionis oder potestas ordinis oder an beiden beginnt« (S. 342). Damit ist die klassische negative Definition des Laien als Nicht-Kleriker wörtlich voll übernommen, allerdings ist sie inhaltlich deutlich modifiziert, weil der Begriff Klerus weiter gefaßt ist. Der Laie ist nicht der Nicht-Priester bzw. Nicht-Mönch, sondern jener, der an keiner kirchlichen Vollmacht Anteil hat, auch nicht an einer Vollmacht, die unabhängig von einer Ordination verliehen werden kann.

Auch die positive Bestimmung des Laien durch Rahner klingt zunächst traditionell: Der Laie ist »der Christ, der in der Welt bleibt« (S. 343). Dabei ist der Begriff »Welt« durchaus positiv verstanden: er bezeichnet die Schöpfung Gottes, die erlöst und geheiligt wurde und ins Reich Gottes aufgehen soll. Diese Welt ist der Ort, wo der Laie sein Christentum lebt, und den er auch als Christ beibehält. An dem Ort, an dem er steht, in den Berufs- und Lebensbeziehungen, in die er hineingestellt ist, gestaltet er sein Christentum. Das bedeutet nicht: er ist Christ und hat daneben vielfältige innerweltliche Beziehungen, sondern diese innerweltlichen Beziehungen sind es, in denen er sein christliches Leben und sein Apostolat gestaltet. Der Laie lebt also berufsmäßig in der Welt, für den Klerus dagegen ist die kirchliche Vollmacht berufsbildend, standortbestimmend, habituell. »Das eigentliche Laiesein hört auf dort, wo man im eigentlichen Sinn an den der Hierarchie eigentümlichen Gewalten in habitueller Weise partizipiert, so daß die Ausübung dieser Gewalten für das Leben des Trägers charakteristisch, d.h. stand-(ort-)bestimmend ist« (S. 351). Wer in seinem innerweltlichen Beruf als Christ lebt, ist Laie, bei wem die kirchliche Vollmacht zum Beruf wird, der seinen Ort im Leben bestimmt, ist Kleriker.

Auf dieser Basis untersucht Rahner das Konzept der *Katholischen Aktion*. Er sieht darin ein Apostolat, das berufsmäßig ausgeübt wird und das damit Kleriker schafft, die amtlich mit einer Vollmacht ausgestattet sind, die zuerst und ursprünglich der Hierarchie zukommt. Die Mitarbeiter der Katholischen Aktion sind damit nicht mehr Laien im eigentlichen Sinn. »Das Apostolat der amtlichen Sendung ist dort gegeben, wo Ausübung hierarchischer Vollmachten (der potestas ordinis oder iurisdictionis) in irgendeinem Grad dauernd so geschieht, daß diese Ausübung neu existenzbegründend ist, d. h. den ursprünglichen Weltort, die menschliche, vorchristliche existenziale Situation (wenigstens zum guten Teil), aufhebt und standes- und berufsmäßig einen neuen solchen Weltort für den Apostel und sein eigenes Leben selbst begründet, der durch die Sendung als solche angewiesen wird« (S. 356). Damit dieses Apostolat der Katholischen Aktion recht gelingen kann, fordert Rahner eine Rechtsordnung, die »den Laien auch gegenüber der Hierarchie schützt« (S. 350) und die ihm eigenen Zuständigkeiten umschreibt und gewährleistet. Damit müßte die Katholische Aktion grundlegend neu gestaltet und organisiert werden.

Neben der Katholischen Aktion gibt es die *Aktion der Katholiken*, in der Laien ohne amtlichen und berufsmäßigen Auftrag, einzig und allein auf der Grundlage ihrer Taufe und Firmung, also als Kirchenglieder, in eigener Vollmacht ihr Christentum leben und durch dieses Leben als Apostel wirken. »Das Apostolat der Laien ist also unmittelbar durch sein *eigenes* Christsein begründet und in seinem Umfang und in seiner Weise nicht durch eigene Sendung von oben« bestimmt (S. 361). Auf dieses nicht-amtliche Apostolat vertraut Rahner in erster Linie: »Würden die Laien dieses ihnen scheinbar nur ›beschränkt‹ zugebilligte Feld ihres Apostolats voll ausfüllen, die Welt wäre in einem halben Jahrhundert christlich« (S. 363). Es gibt also die Katholische Aktion im Sinne der Pius-Päpste; Rahner bezeichnet sie als »eine Körperschaft von nur scheinbar laikalen Kirchenbeamten« (S. 366). Die wahren Laien aber haben keinen kirchlichen Auftrag. Sie stellen »neben dem statischen Element des Amtes ... das Dynamische der Charismen« dar (S. 345). Doch diese Charismen sind eben nicht standesbegründend, weil sie ihren Träger nicht berufsmäßig prägen und ihn darum nicht zum Kleriker machen.

In dieser Konzeption hat Rahner das traditionelle Verständnis von Klerus und Laien aufgegriffen, die Begriffe aber erheblich erweitert und der durch sie bezeichneten Entgegensetzung von Ständen in der Kirche ihre unerträgliche Schärfe genommen. Denn die Trennung von Amtlich und Nicht-Amtlich kann im Sinne Rahners niemals so eindeutig und scharf gezogen werden wie die zwischen ordiniertem Prieter und Nicht-Ordiniertem. Hier gibt es Übergänge, wenn etwa ein Laienapostolat, das zunächst im Rahmen eines Berufs ausgeübt wird, immer mehr das Leben prägt und den Standort bestimmt und so zum Beruf wird. Und andererseits lebt der Kleriker, dessen Apostolat seinen Beruf ausmacht, auch in der Welt, zumeist im Rahmen von Ehe und Familie. Die Differenz zwischen Laien und Klerikern gründet hier eher in verschiedenen Schwerpunkten als in einer gegenseitigen Ausschließlichkeit, wo der Kleriker für das Heilige da ist, während der Laie auf die Welt festgelegt wird und sich (wie zumeist mitgedacht) durch sie von Gott ablenken läßt. Vor allem aber hat es diese Konzeption Karl Rahner ermöglicht, den Laientheologen, die im Rahmen der Sendung der Kirche mit einer besonderen Vollmacht und einem dauernden Auftrag als Beruf betraut werden, einen ekklesialen Ort zuzuweisen. Darüber wird noch zu handeln sein.

IV. Die Kirche der Laien bei Edward Schillebeeckx

Zufolge E. Schillebeeckx wollte das II. Vatikanische Konzil in seiner Bestimmung des Laien keine »ontologische« Definition geben, sondern lediglich eine typologische Beschreibung »nach dem geläufigen Gebrauch dieses Wortes in kirchlichen Kreisen«[20] vorlegen. Demnach wird der Laie umschrieben als Kirchenglied, das nicht geweiht ist, und dem eine besondere Verpflichtung im innerweltlichen Bereich zukommt. Dabei herrschte auf dem Konzil zunächst die Tendenz, das Spezifikum des Laien in seiner Innerweltlichkeit zu sehen, also den Kleriker für die Kirche, den Laien für die Welt als zuständig zu erklären. Doch diese einfache Ortszuweisung ließ sich nicht halten, weil durchaus Kleriker *auch* für innerweltliche Dinge Verantwortung übernehmen und Laien *auch* eine kirchliche Sendung haben. Laien sind, wie dann betont wurde, auch für die Kirche und ihre Belange zuständig, hauptsächlich und in erster Linie aber eignet ihnen eine Beziehung zur Welt. Von besonderem Gewicht ist nach Schillebeeckx eine letzte Textänderung des Konzils in der Definition des Laien, die dessen innerweltlichen Auftrag näher umschrieben hat: »Sache der Laien ist es, kraft der ihnen eigenen Berufung in der Verwaltung und gottgemäßen Regelung der zeitlichen Dinge *das Reich Gottes zu suchen*«[21]. Der spezifische Auftrag des Laien ist also nicht einfach eine innerweltliche Lebensführung auf ethischer Basis — das ist der Auftrag aller Menschen. Aufgabe des Laien, d. h. des Gliedes am Volk Gottes ist es, in der Welt das Reich Gottes zu suchen. Der Weltcharakter des Laien ist also nicht allgemein-menschlich zu verstehen, sondern es ist ein spezifisch christlicher, ekklesiologischer Auftrag. Die Laien sind nach Schillebeeckx keine profanen Menschen, sondern Glieder des Volkes Gottes in der Welt. Als Christen haben sie diesen Weltcharakter zu erfüllen. Innerhalb dieses Volkes Gottes gibt es verschiedene Formen der Teilhabe an der einen Sendung, die allen gilt: es gibt die spezifisch amtliche Form, und es gibt die spezifische Zuordnung zur Welt. Die Laien sind nicht einfachhin durch den Weltcharakter, sondern durch ihre christliche Beziehung zur Welt geprägt. Sie sind »nicht durch ihre innerweltliche Tätigkeit, sondern durch ihre aktive Teilnahme an der Tätigkeit der Kirche gekennzeichnet« (S. 151).

Diese Zuordnung zur Welt ist dabei keineswegs negativ zu sehen. Es gehört zu den Errungenschaften der Neuzeit, daß die Welt als säkulare Welt entdeckt, ihr

Eigenwert erkannt und loyal anerkannt wurde. Säkularisierung besagt, daß der Mensch als ein Wesen erkannt wird, das in der Welt und durch sie zu seiner menschlichen Vollendung kommt. Man hat den Menschen und die Welt in ihren unmittelbar innerweltlichen Dimensionen, in ihren politischen, sozial-ökonomischen, tiefenpsychologischen und mancherlei anderen Aspekten entdeckt. Im Augenblick, wo nun Kirche mit dieser Säkularisierung unserer Welt, die keineswegs Säkularismus ist, ernstmacht, werden auch die Laien in einem neuen Licht gesehen: sie erscheinen als Erbauer einer irdischen Lebensordnung. Die Kirche kann die Laien erst in ihrer Besonderheit akzeptieren, wenn sie Mensch und Welt als grundlegend laikale oder säkulare Wirklichkeiten betrachtet. Die Anerkennung der Laizität der Welt öffnet auch die Augen für den Laien in seiner christlichen Existenz. Wenn man die Säkularität der Welt ernstnimmt, dann ist der Laie, dem als Christen diese säkulare Welt aufgegeben ist, in vollem Sinn als Christ angenommen, ist er nicht nur Christ im abgeleiteten Sinn, der sich um das Eigentliche und allein Notwendige doch nicht kümmert.

Diese Beziehung zur weltlichen Welt ist gemäß dem II. Vatikanischen Konzil, wie E. Schillebeeckx darstellt, eine durchgängige Perspektive der Kirche. Sie ist keineswegs auf den Laien allein beschränkt. Vielmehr ist Kirche als ganze auf die Welt bezogen. Kirche als das umfassende Sakrament des Heils ist auf die säkulare Welt hingeordnet, nicht um diese in den kirchlichen Bereich zurückzuholen, sondern um sie als säkulare Welt heil zu machen. Kirche ist nicht das Heil und Klerus und Orden sind in sich nicht heil, sondern sie sollen der säkularen Welt Zeichen des Heils werden und vermitteln. Damit ist jede Form des Christseins, in welcher laikalen oder klerikalen oder mönchischen Gestalt es sich auch immer vollzieht, eine Form christlichen In-der-Welt-Seins. Kirche als ganze ist Heilszeichen für die Welt, und von dieser Dynamik sind alle Glieder der Kirche betroffen: alle sind auf die säkulare, laikale Welt hingeordnet. Darum bezeichnet Schillebeeckx das Gottesvolk selbstverständlich und als ganzes als »laikal«. Noch dem Konzil fiel es schwer, und es mußte sich dazu durchringen, dem Laien neben dem Kleriker gleichsam einen genuinen Platz in der Kirche einzuräumen. Das zeigt, zufolge Schillebeeckx, die Verschiebung der Perspektiven im Laufe der Kirchengeschichte. In der Alten Kirche stand an erster Stelle das laikale Gottesvolk, erst danach erhob sich die Frage nach der Aufteilung der Ämter und Charismen. Der Laie war dabei nicht auf die Hierarchie bezogen, sondern umgekehrt die Hierarchie auf den Laien. Das Amt wurde eben als Dienst am Volk Gottes und in ihm verstanden. Natürlich gibt es Ämter in der Kirche, und sie sind unverzichtbar, aber die Grundlage all dessen ist eine fundamentale laikale Grundstruktur, die der Kirche und allen ihren Gliedern eignet, weil alle ihre Beziehung zu der Welt haben müssen, für die die Kirche Heilszeichen zu sein hat.

Die Aufspaltung in Stände in der Kirche und deren Über- und Unterordnung müßte darum nach Schillebeeckx überwunden werden. Es müßte eine Form von Kirche entstehen, in der die »völlige Gleichwertigkeit und Mündigkeit innerhalb der Kirche eine Selbstverständlichkeit sein wird . . . Die Laien werden sich dann in der Kirche wirklich zu Hause fühlen und nicht glauben, Fremde zu sein oder wegen Überproduktion ›in Dienst‹ genommene Gastarbeiter, die eine Arbeit verrichten müssen, die eigentlich ›Sache der Priester‹ ist.

Das Christentum, die Kirche ist nicht *mehr* Sache der Priester als der Laien; Priester und Laie haben nur, in ihrer eigenen Sache — die die Sache der ganzen Welt ist —, verschiedene Dienste, verschiedene ›geistliche Gaben‹, aus deren Verbundenheit miteinander der Leib der Kirche als Gemeinschaft des Glaubens« aufgebaut wird (S. 172).

Ist die Konzeption Rahners dadurch gekennzeichnet, daß er die Begriffe »Amt« und »Klerus« gegenüber der herkömmlichen Terminologie ausweitet und auf diesem Weg die starre Unterscheidung in neben- oder übereinanderstehende Stände in der Kirche zu überwinden sucht, geht Schillebeeckx in gewisser Weise den umgekehrten Weg, indem das Wort »Laie« in Angleichung an das biblische und altkirchliche Verständnis eine Bedeutungserweiterung erfährt. Gibt es bei Rahner wesentlich mehr Amtsträger als bisher angenommen, werden bei Schillebeeckx alle Christen zu Laien, unbeschadet der Amtsfunktionen, die manche unter ihnen erfüllen[22].

B

DIE DISKUSSION UM DIE »LAIENTHEOLOGEN«

I. Ein neues Amt in der Kirche

Seit dem Beginn der 70er Jahre hat sich, jedenfalls was den deutschen Sprachbereich betrifft, die Diskussion um den Laien wesentlich verschoben und auf die Problematik der sogenannten Laientheologen verlagert. Die Neueinführung des Berufsfeldes *Pastoralassistent* bzw. *Pastoralreferent*[23] war hier ausschlaggebend. Diese Konzentration der Laienthematik auf die hauptamtlich und beruflich im kirchlichen Dienst stehenden Frauen und Männer ist soweit gediehen, daß man heute schon mehr oder weniger scherzhaft unterscheidet zwischen dem »Klerus«, den »Laien« und den »Leuten«. Die Bezeichnung »Laie« scheint damit fast einen eigenen Stand in der Kirche zu besagen, der beginnt, sich von den normalen Gläubigen abzuheben. In unserem Rahmen soll die Diskussion um die Laientheologen und ihr »Amt« nur insoweit geführt werden, als sich daraus allgemeine Aussagen zum Begriff des Laien und seines Ortes in der Kirche ergeben. Jedenfalls leiden die Pastoralassistenten mit an all den Definitionsnöten, die wir schon bisher für den Laien haben feststellen müssen. Die Laientheologen spüren diese Problematik sogar in verstärktem Maße. Denn einerseits sind sie nicht ordiniert, also Laien im herkömmlichen Sinn des Wortes, andererseits sind sie faktisch, ob man dies wollte oder nicht, häufig in Aufgabenstellungen eingerückt, die vor ihnen Priester wahrgenommen haben. Damit erschien der Pastoralassistent nicht selten als Priesterersatz, als Quasi-Kaplan, der alles tut, was bisher der Kaplan tat, mit Ausnahme der Meßfeier und der Verwaltung des Bußsakraments. Der sprunghafte Rückgang der Zahl der Priesterweihen und damit vor allem der jüngeren Priester, sprich der Kapläne, und die ebenso sprunghaft ansteigende Zahl der Theologiestudenten markieren die Eckdaten der Entwicklung. Durch die Kombination von ekklesialer Existenz als Laie und klerikaler Aufgabenstellung schien in der Einführung des Pastoralassistenten die Unterscheidung von Klerus und Laien ins Schwimmen zu geraten.

Im Zuge dieser Entwicklung wurde es als Gebot der Stunde bezeichnet, das je besondere und *eigene Profil* der verschiedenen pastoralen Berufe des Priesters, des Diakons, und des Pastoralassistenten herauszustellen und in sich jeweils deutlich zu strukturieren. Vor allem ging es dabei um die Profilierung des Priesterbildes, das man in Gefahr sah, von anderen Berufsbildern überlappt zu werden und damit an Leuchtkraft und an Attraktivität zu verlieren. Wenn die Pastoralassistenten einen Großteil der Aufgaben und Dienste übernehmen, die bisher Priester geleistet haben und die ihnen vorbehalten waren, müßte das zu einer Verunklarung des Priesterbildes und zu einer Verwischung des spezifischen Charakters der Ordination führen. Die Überordnung des Klerus über die Laien wäre nur noch schwer aufrechtzuerhalten. Diese Sorge wurde verstärkt durch die Tatsache, daß die Pastoralassistenten von ihrer Ausbildung und ihrer theologischen Qualifikation her den Priestern in nichts nachstehen. Auch auf diesem Feld verlor der Klerus die Überlegenheit, die Wissen und Informationsvorsprung nun einmal verleihen. Vor allem aber: an die Übernahme des priesterlichen Amtes werden einschneidende Forderungen auch für die persönliche Lebensführung gestellt, sie ist an die Verpflichtung zum Zölibat gebunden. Würde sich in Zukunft nicht die Tendenz durchsetzen, auf dem Weg über das Amt des Pastoralassistenten die Aufgaben des bisherigen Priesters zu übernehmen, ohne sich auch für die damit verbundenen Verpflichtungen zu entscheiden? Wenn weithin identische Aufgaben auch »billiger« zu haben sind, wird sich dann eine genügende Zahl von Kandidaten finden, die den »Preis« für das Priesteramt zu zahlen bereit ist? Es bestand die sicher nicht unberechtigte Sorge, daß durch die Möglichkeit, auf das Amt des Pastoralassistenten auszuweichen, der Priesternachwuchs noch mehr zurückgehen würde.

In dieser Situation sah man nun für die Kirche vor allem in Deutschland die Aufgabe, die ekklesiale Stellung des Pastoralassistenten zu klären, ihn von den anderen Berufen und Ständen in der Kirche abzugrenzen und vor allem die Attraktivität des Priestertums wieder neu zu betonen und herauszustellen. Nachdem der Pastoralassistent fast zu einem Bindeglied zwischen Laien und Klerus geworden war, mühte man sich jetzt, die *Besonderheiten* wieder zu unterstreichen. Dies geschah in aller Regel dadurch, daß man den Pastoralassistenten in seiner Stellung als Laie festschrieb, und ihm, soweit möglich, einzig und allein Aufgaben zuwies, die traditionellerweise Laien zukommen. Der Begriff »Amt« wurde für diesen Dienst vermieden oder auch zurückgewiesen[24].

II. Die Würzburger Synode und ihre Lösungsvorschläge

In der Gemeinsamen Synode der Bistümer in der Bundesrepublik Deutschland beherrschte die Frage nach den Pastoralassistenten bzw. Pastoralreferenten weitgehend die Diskussion über den Laien in der Kirche. Der Laie kam fast nur als Pastoralassistent in den Blick. Dies war die von der Situation gestellte Herausforderung. Die Synode behandelte das Thema vornehmlich in den Beschlüssen »Die Beteiligung der Laien an der Verkündigung« und »Die pastoralen Dienste in der Gemeinde«. Daß Laien in der Verkündigung mitwirken, war dabei völlig unbestritten. Ausgangspunkt war die Feststellung, daß alle Gläubigen, also die Gemeinde als ganze, Verantwortung für die Verkündigung tragen. Dies wird auch in der gottesdienstlichen Versammlung sichtbar, etwa bei der Begrüßung, der Einführung zur Lesung, in den Fürbitten, der Danksagung. Kontrovers war dagegen »Die amtliche Beauftragung durch Laien zur Predigt« (Nr. 2.3)[25], sowie die Frage, ob diese amtliche Verkündigung von Laien auch in der Eucharistiefeier erfolgen kann. Die Synode betonte, daß die in Deutschland eingeführte Regelung, wonach »geeignete Männer und Frauen mit der Verkündigung im Gottesdienst beauftragt werden« (Nr. 2.3.2), sehr wohl durch die kirchliche Tradition abgedeckt und damit theologisch verantwortet sei. Es wird nicht in Frage gestellt, daß es eine besondere Zuordnung von ordiniertem Amt und Wortverkündigung gibt, und daß der Pfarrer »die Sorge und die Verantwortung für die gesamte öffentliche Verkündigung in der Gemeinde« trägt (Nr. 2.3.3). Darum sei »eine sichtbare personale Einheit von Prediger und Vorsteher der Eucharistiefeier angemessen, aber nicht unbedingt notwendig« (Nr. 2.3.3).

Hinsichtlich des amtlichen Charakters dieser Verkündigung fand man die Kompromißformulierungen: Die Beauftragung zur Predigt geschieht »in einer besonderen Zuordnung zum kirchlichen Amt, ohne daß der übernommene Verkündigungsdienst ein neues Amt oder der Laie ein Amtsträger würde. Ein solcher Verkündigungsdienst ist Teilhabe am Auftrag des kirchlichen Amtes« (Nr. 2.3.2). Diese Argumentation wurde seit der Diskussion um die Katholische Aktion immer wieder vertreten, nämlich daß es neben dem Apostolat, das allen Getauften zukommt, noch ein spezielles Apostolat gibt, das ursprünglich der Hierarchie eignet. Diese kann aber einzelne Bereiche oder Tätigkeiten aus diesem Apostolat, soweit sie nicht an die Ordination gebunden sind, an Laien delegieren.

Auch der Beschluß »Die pastoralen Dienste in der Gemeinde« hat vornehmlich über die hauptamtlich angestellten Laientheologen gearbeitet, die Behandlung der Laien als solchen ist, wie Walter Kasper als Berichterstatter feststellte, »insgesamt etwas dürftig ausgefallen«[26]. Es wird betont, daß alle Glieder der Kirche aufgrund von Taufe und Firmung an der Sendung Christi teilhaben und vom Geist zur Auferbauung der Kirche bestellt sind. Den Laien eignet dabei besonders der Weltcharakter. Die Pastoralassistenten werden in ihrer Tätigkeit von dieser allgemeinen Sendung unterschieden: »Von der jedem Christen unmittelbar durch Taufe und Firmung gegebenen Sendung sind die pastoralen Dienste im engeren Sinn zu unterscheiden. In ihnen nehmen Laien, von den Bischöfen ausdrücklich beauftragt, in bestimmten Sachbereichen am amtlichen Auftrag der Kirche teil" (Nr. 3.1.2).

III. Die »Grundsätze zur Ordnung der pastoralen Dienste« der Deutschen Bischofskonferenz

Hatte sich die Synode bemüht, den Laientheologen einen Platz in der Kirche zuzuweisen, der ihrer tatsächlichen Aufgabenstellung entspricht, und den Raum auszuschöpfen, der theologisch gedeckt und von der Geschichte eröffnet wird, hat die Verlautbarung der Deutschen Bischofskonferenz »Zur Ordnung der pastoralen Dienste«[27] den Rahmen wesentlich enger gesteckt. Sie war also nicht nur eine Übersetzung von Konzil und Synodenbeschluß in die kirchliche Praxis, sondern eine deutliche *Zurücknahme* der Entwicklung, jedenfalls gegenüber dem Stand, der sich in mehreren deutschen Diözesen schon gebildet hatte. Diese Verlautbarung war vor allem darauf bedacht, die *Grenzziehung* zwischen Pastoralassistenten und Priestern keinesfalls zu verwischen und beide Berufe in einander ausschließenden Ständen der Kirche zu verankern. Die Aufgabenstellung der Pastoralassistenten wird wesentlich aus ihrem durch Taufe und Firmung verliehenen Status als Laien hergeleitet. Dieses Laie-Sein wird unterstrichen bis hin zu der Aussage, selbst »der pastorale Beruf der Laien setzt unmittelbar bei ihrem Weltdienst an« (Nr. 4.2). Dennoch wird eingeräumt, daß es »auch eine dem Laien eigene Verantwortung für Gemeinde und Kirche« gibt (Nr. 1.4). Der Text formuliert dabei sehr zurückhaltend, daß Laien »auch an einzelnen Aufgaben des kirchlichen Amtes beteiligt werden« können (Nr. 1.4); aber es wird sofort betont, daß damit nicht ein Amt im theologischen Sinn übertragen werde. Es müsse der Eindruck vermieden werden, als entstünde hier ein »Amt ohne Weihe« (Nr. 1.4).

Nach diesen Grundsätzen der Bischofskonferenz sollte in Zukunft die konkrete Arbeit der Pastoralassistenten bzw. -referenten in den einzelnen Diözesen geregelt werden. Es sollte auf keinen Fall der Eindruck entstehen, sie ersetzen den Priester und übernehmen seine Aufgaben, nur die Sakramentenspendung ausgenommen. Darum sollen sie in der Regel in Pfarrverbänden bestimmte Aufgaben übernehmen, ihre Arbeit sollte als »Unterstützung des Dienstes kirchlicher Amtsträger« erscheinen. Sie »dürfen jedoch nicht damit beauftragt werden, die gesamte Gemeindepastoral oder Aufgaben im Gesamtbereich der Grunddienste eigenverantwortlich wahrzunehmen, einzig jene Funktionen ausgenommen, für die eine Weihe erforderlich ist« (Nr. 4.2).

Ziel dieses Textes war es, wie auch aus den Begleitartikeln von Bischof *Klaus Hemmerle* und *Karl Forster* deutlich wird, das je eigene Profil der verschiedenen pastoralen Berufe herauszustellen, insbesondere aber die Unverwechselbarkeit des priesterlichen Amtes zu betonen. Ein priesterliches Amt, das wegen des zunehmenden Drucks des Priestermangels immer mehr auf die Tätigkeiten beschränkt wird, die der Laie mit speziell bischöflichem Auftrag nicht erfüllen kann, nämlich auf den objektiven Vollzug der Sakramente, könne kein attraktives Berufsbild vermitteln. Zum Schutz des Priesters müssen die Laien möglichst auf Distanz gehalten werden. Doch diese Abgrenzung sollte, so die Intention des Textes, auch um der Laien im kirchlichen Dienst selbst willen geschehen. Sie sollen als solche ernstgenommen und nicht vom priesterlichen Dienst her verstanden werden. Der Laie habe seinen Wert in sich, er dürfe nicht zum »Ersatzkaplan« verkommen.

IV. Die theologische Diskussion um den Pastoralassistenten

In der Diskussion rund um die Veröffentlichung dieser Rahmenordnung wurde eine allgemeine Ratlosigkeit sichtbar, wie es in der Kirche und mit ihrem Amt nun weitergehen solle. Man hat weithin den deutschen Bischöfen zugestimmt, daß der Pastoralassistent nicht als Ersatzkaplan aufgefaßt werden dürfe, daß er etwas anderes, Eigenständiges ist, und daß er sein theologisches Wesen möglichst klar entdecken und entwickeln müsse. Andererseits aber wurde festgestellt, daß in der Situation des Priestermangels faktisch der Prozeß unaufhaltsam weitergehen werde, daß Pastoralassistenten Aufgaben der Gemeindeleitung übernehmen und damit in die Funktion von Gemeindeleitern hineinwachsen und von den Gemeinden als solche empfunden werden. Sie werden immer weniger von den Priestern unterscheidbar sein, trotz aller theologischer Bedenken hinsichtlich einer Jurisdiktion ohne sakramentale Weihe. Die Veröffentlichungen zeigten sich ratlos über den weiteren Weg, nachdem die Lösung der Probleme durch eine Modifizierung der Zölibatsgesetzgebung für die nähere Zukunft nicht zu erwarten war. Letztlich sei ja die ganze Problematik darauf zurückzuführen, daß viele junge Männer (von Frauen hat man noch kaum gesprochen) bereit wären zum priesterlichen Dienst der Gemeindeleitung, aber nicht zum Zölibat. Man hoffte weithin, durch die Zulassung von in der Ehe bewährten Männern zum Priestertum würde über kurz oder lang den Pastoralassistenten der Weg in ein theologisch legitimes kirchliches Amt geebnet[28].

In der Notsituation, die Anlaß für das Schreiben der Bischofskonferenz geworden war, plädierte man einerseits für eine möglichst deutliche Trennung der Berufe des Priesters und des Pastoralassistenten. Man wollte sich um ein je eigenes und unterscheidbares Berufsbild mühen. *G. Greshake*[29] betonte vor allem die Profilierung des Priesters und verteidigte dabei auch den Zölibat, konnte aber seine tiefreichende Skepsis hinsichtlich der kommenden Entwicklung nicht verhehlen. *H. J. Pottmeyer*[30] dagegen bemühte sich vor allem um eine Profilierung der Pastoralassistenten als Laien, wohl nicht um sie gegenüber ihrem derzeitigen Besitzstand zu degradieren, als vielmehr um in ihnen nicht Hoffnungen zu erwecken, die sich als irreal herausstellen würden. Es scheint ihn vor allem die Sorge umgetrieben zu haben, daß Kontroversen um das rechte Verständnis des Amtes auf dem Rücken von jungen Menschen ausgetragen würden, und bei ihnen gegebenenfalls zu schweren Enttäuschungen führen könnten.

Anders reagierte *Karl Rahner*. Er hatte schon in der Diskussion um das Laienapostolat dafür plädiert, dieses als amtlich, seine Träger als Kleriker zu verstehen. Es war ihm entgegengehalten worden, daß das II. Vatikanum die Jurisdiktionsvollmacht eng an die Ordination gebunden hatte. Nun ging er einen Schritt weiter und stellte die Überlegung auf, ob das Amt des Pastoralassistenten, das von der Kirche verliehen wird, nicht gegebenenfalls auch als sakramental anerkannt werden könne oder müsse. Wenn schon der Pastoralassistent faktisch weithin das Amt der Gemeindeleitung wahrnimmt und von der Kirche zu diesem Amt bestellt wird, muß man es dann nicht — vielleicht in einem weiteren Sinn — als sakramental bezeichnen? Schließlich verleiht die Kirche als das Grundsakrament dieses Amt, und es dient der Vermittlung von Heil und der Erbauung der Gemeinden. Rahner stellte die Frage: »Warum soll die Verleihung eines Amts dauernder

Art nicht als sakramental betrachtet werden oder grundsätzlich (mindest wenn die Kirche will) als sakramental betrachtet werden können?«[31]

In ähnlicher Weise geht *P. Hünermann* in seinem Vortrag vor der Katholischen Akademie in Bayern davon aus, daß die faktische Aufgliederung des Ordo in verschiedene Stufen erst im Laufe der Kirchengeschichte erfolgte und dabei jeweils durch praktische Notwendigkeiten und konkrete Anfragen in den Gemeinden zumindest mitbestimmt war. Warum, so seine Frage, könne man nicht sagen, der deutsche Episkopat habe »durch die Schaffung des Instituts des Pastoralassistenten ... den Ordo neu aufgeteilt?«[32] Dabei geht es nicht um die vielbeschworene Klerikalisierung der Laien, sondern darum, ein neu entstandenes Amt theologisch und kirchlich anzuerkennen und ihm nun auch sakramental die Vollmacht und die theologische Fundierung zukommen zu lassen, die Heilsvermittlung in der Kirche nun einmal erfordert.

Einig waren sich fast alle Autoren darin, daß das Amt des Pastoralassistenten nicht, wie in den Grundsätzen der Deutschen Bischofskonferenz geschehen, vom *Weltdienst* des Laien her verstanden werden kann. *F. Klostermann* bestritt, daß sich der Text in diesem Zusammenhang zurecht auf das Konzil berufe. Die Formulierung des Konzils, daß den Laien »der Weltcharakter in besonderer Weise eigen« ist (LG 31), ist eben keine theologische Wesensaussage über den Laien, sondern allein eine soziologische Bestimmung. Das Konzil hat hier rein pragmatisch argumentiert und dabei bewußt erhebliche Unschärfen in Kauf genommen, indem man die Beschäftigung der Priester in weltlichen Berufen, die erst im 5. Jahrhundert langsam aufhörte, sowie die Position der Laien in den Orden an dieser Stelle ausblendete. Das Konzil spricht vielmehr davon, daß Laien ihr

Apostolat durchaus auch in der Kirche verwirklichen. »Um so weniger kann man die pastoralen Laienämter vom Weltcharakter her verstehen. Dazu bietet das Konzil nicht nur keinerlei Anlaß; im Gegenteil, es hebt diese Dienste ausdrücklich vom übrigen Laienapostolat ab und beschreibt ihren rein geistlichen Charakter«. Klostermann kann nur hoffen, daß diese (Ab-)Qualifizierungen durch die Deutsche Bischofskonferenz »die Laien von ihrem kirchlichen Engagement nicht abhalten werden«[33]. *J. Finkenzeller* urteilte: »Wenn eine Funktion, die bisher, aus welchen Gründen auch immer, dem Priester vorbehalten war, selbstverständlich als geistlicher Dienst im Vollzuge des kirchlichen Amtes verstanden wurde, dann kann doch die gleiche Funktion, die nun wegen des Priestermangels von einem Laien verrichtet wird, nur mit großem Vorbehalt als Weltdienst bezeichnet werden«[34].

Kritisiert wurde die Verwendung des Begriffs *Amt* in diesem Schreiben. Es widerspreche den Erkenntnissen des II. Vatikanums, wenn nun wieder zwischen dem *Dienst* der Laien und dem *Amt* des Priesters unterschieden wird, so als sei das Amt kein Dienst. Die ungeklärte Verwendung des Amtsbegriffs, den man allein für den Priester reserviert sehen wollte, könne nicht begründen, warum der Pastoralassistent nicht Inhaber eines Amtes, nämlich das des Pastoralassistenten sein solle, warum man hier theologisch nicht von einem Amt solle sprechen dürfen.

Wenn man die Diskussion um den Pastoralassistenten überblickt, dann läßt sich feststellen, daß in der uns beschäftigenden Frage, nämlich in der Bestimmung des Laien, die Unsicherheit nicht kleiner, sondern eher grösser geworden ist. Durch die Einführung des Pastoralassistenten, der faktisch weitestgehend Funktionen übernommen hat, die bisher mit dem Amt im engeren Sinne verbunden waren, der aber dennoch Laie ist und bleibt, stellte sich die Frage nach der Unterscheidung von Klerus und Laien in neuer und zugespitzter Weise. Auf der einen Seite bestand die Tendenz, diese Differenz möglichst gering zu halten, wie es theologisch vor allem Rahner und Hünermann taten, oder sie in der Praxis zu verwischen; auf der anderen Seite wurden derartige Entwicklungen zum Anlaß für Bestrebungen, den Unterschied wieder neu und verstärkt zu betonen. Doch alle Differenzen, die aufgezeigt wurden, vermochten auch jetzt nicht den Laienstand zu einer definierbaren Größe zu machen, wenn immer man sich mit der negativen Definition als des Nicht-Klerikers nicht mehr zufriedengeben konnte und wollte.

Durchgesetzt hat sich in der offiziellen kirchlichen Lehre die Tendenz, Priester und Laie wieder stärker zu trennen, und sie in ihrer gegenseitigen Ausschließlichkeit zu definieren. Besonders eklatant wurde diese Tendenz, jedenfalls für Deutschland, in der Verfügung des neuen Kodex, die *Laien* die *Predigt* innerhalb der Eucharistiefeier untersagt und Bischöfen die Vollmacht nimmt, von dieser allgemeinen Vorschrift zu dispensieren, und die Praxis so zu belassen, wie sie sich in den meisten deutschen Diözesen seit mehr als 15 Jahren bewährt hat (Can 767 § 1). Nun gibt es sicher gute Gründe dafür, daß der zelebrierende Priester auch die Predigt hält. Aber schon die Gemeinsame Synode hat formuliert, daß diese Einheit keineswegs »unbedingt notwendig« sei[35]. Es gibt auch gute Gründe, die dagegen sprechen, aus dieser inneren Angemessenheit ein Gesetz zu machen, das in vielen Fällen für die Verkündigung sehr abträglich sein wird. Historisch gesehen geht das Predigtverbot für Laien auf eine Epoche zurück, in der Papst Bonifaz VIII.

formulierte, daß die Laien den Priestern schon immer feindlich gegenüberstanden. Welchem Pastoralassistenten, der seit 15 Jahren zur vollen Zufriedenheit seines Bischofs, seines Pfarrers und seiner Gemeinde predigte und dies jetzt nicht mehr darf, wird man es verdenken können, wenn er sich an derartige, längst überwunden geglaubte Epochen der Kirchengeschichte zurückerinnert fühlt?

C

LAIEN, BASISGEMEINDEN UND DIE THEOLOGIE DER BEFREIUNG

Eine neue Form einer Theologie des Laien scheint sich derzeit in den christlichen Basisgemeinden, und dabei in erster Linie in den verschiedenen Strömungen der *Theologie der Befreiung* zu entwickeln. Der Begriff »Basis« soll dabei das zum Ausdruck bringen, was traditionellerweise mit dem Wort Laie gemeint war: in den Basisgemeinden versammeln sich getaufte Christen, die in Gemeinschaft und aus eigener Verantwortung ihren Glauben leben, ihm eine Ausdrucksgestalt geben und ihn nach innen und nach außen hin bezeugen und weitervermitteln. Diese Basisgemeinden haben sich vor allem in Regionen der Kirche gebildet, in denen der Priestermangel besonders drückend empfunden wird: in Lateinamerika, in Afrika, auf den Philippinen. Sie wurden zumeist auf Anregung von Bischöfen und Priestern ins Leben gerufen, um das christliche Zeugnis über den Bereich hinaus zu gewährleisten, den der Klerus erreichen kann, und auch dort kirchliches Leben anzuregen. In aller Regel gestalten Laien aus eigener Verantwortung und Berufung das Leben in diesen Gemeinden; die Anbindung an den Klerus ist schon von den äußeren Voraussetzungen her eher locker. So beruhen diese Gemeinden ganz fundamental auf der *Eigenverantwortung von Laien*.

Für die von der Theologie der Befreiung inspirierten Basisgemeinden gilt, wie *L. Boff* ausführt: »In der Kirche herrscht grundsätzlich Gleichheit. Alle sind Volk Gottes. Alle haben teil an Christus, direkt und ohne Vermittlungen. Deshalb haben auch alle teil am Dienst des Lehrens, des Heiligens und der Gemeindebildung. Alle und nicht nur einige sind in die Welt gesandt, alle sind verantwortlich für die Einheit der Gemeinde, alle müssen sich heiligen«[36]. Diese Gemeinden wissen sich dabei in einer ganz elementaren sozialen Verpflichtung, die sich bis in den politischen Bereich erstrecken kann. Der »Weltbezug« ist hier höchst intensiv entwickelt.

Theologisch verstehen sich die Basisgemeinden als Volkskirche. Sie definieren sich also als Volk, und sie greifen damit den Begriff *laós* auf. Insofern wurde in diesem Rahmen eine Theologie des Laien entwickelt. Das Wort Volk hat dabei Bedeutungsnuancen angenommen, die es so jedenfalls im biblischen Sprachgebrauch noch nicht hatte und die auch das derzeitige Verständnis von Volkskirche und Basisgemeinde beeinflussen. Zunächst hat der Begriff *Volk* die Nebenbedeutung von Menschen, die in einfachen Verhältnissen leben. Volk ist das arme, das unterdrückte, das ausgebeutete Volk. Man hält sich um so mehr für Volk, je bescheidener die Verhältnisse sind, in denen man lebt. Dabei wird Volk durchaus als Ehrentitel verstanden. Man ist stolz darauf, Volk zu sein. Volk steht in Spannung zum Begriff Elite. Eliten sind kleine Oberschichten, die das Volk überlagern, es bestimmen, nicht selten auch ausbeuten, jedenfalls aber den Anspruch erheben, für das Volk zu entscheiden. Eliten sind im Gegensatz zum Volk die Reichen, die Gebildeten, die kulturell, wirtschaftlich und politisch Einflußreichen. Volk entsteht nicht zuletzt durch die Entgegensetzung zu den Eliten. In einer dritten Weise ist Volk in der Sicht der Theologie der Befreiung gekennzeichnet durch die Entgegensetzung zur

Masse. Volk ist dadurch bestimmt, daß es selbst sein Schicksal in die Hand nimmt, daß es über sich selbst entscheidet, daß es aktiv ist und nicht eine dumpfe, passive Masse bleiben will, über die andere bestimmen. Volk hört auf, Masse zu sein, wenn es sich organisiert, für eine Verbesserung der Lebensumstände kämpft, seine Passivität aufgibt, ein gemeinsames Ziel entwickelt und für die Realisierung dieses Ziels kämpft[37].

Diese Bedeutungsgehalte, die der Begriff Volk als Terminus zur Beschreibung einer sozialen Wirklichkeit angenommen hat, haben auch das Verständnis von Volkskirche und Basiskirche mitbeeinflußt. Zunächst ist festzuhalten, daß Basisgemeinden nicht einfachhin alle Gläubigen einer Region umfassen, sondern daß sie sich, zumindest schwerpunktmäßig, aus denen zusammensetzen, die sich als arm, unterdrückt, ausgebeutet, jedenfalls als Angehörige der Schicht der einfachen Leute verstehen. Es ist nicht ausgeschlossen, daß auch Mitglieder anderer Gesellschaftsschichten sich zu ihnen bekennen, aber sie dürfen jedenfalls keine Sonderrechte beanspruchen und über die einfachen Leute bestimmen wollen. Die Volkskirche ist eine *Kirche der Armen.* Dies wird praktisch sichtbar in ihrem Kampf gegen Armut, Unterdrückung und Ausbeutung.

Aus diesem Weltauftrag, nämlich die Armut und die menschenunwürdigen Zustände zu überwinden, leitet sich notwendigerweise eine *Parteilichkeit* der Volkskirche ab. Sie umfaßt nicht alle in gleicher Weise, sondern sie steht auf der Seite der Ausgebeuteten und die Ausbeuter gehören nicht dazu. War der Begriff *laós,* Volk im Neuen Testament und wiederum im II. Vatikanum daraufhin angelegt, die Einheit, die Communio der Kirche als ganzer auszudrücken, hat das Wort hier zumindest eine emanzipatorische Nebenbedeutung: Die

Kirche des Volkes umfaßt nicht einfachhin alle Christen, sondern diejenigen, die gegen eine soziale Situation kämpfen, die ihnen verwehrt, menschenwürdig zu leben.

Der Begriff Volk steht in Spannung zum Begriff Elite. Übertragen auf die Kirche bedeutet das, daß das einfache Volk, die Laien im herkömmlichen Sinn, sich dagegen wehrt, von einem ihm fremden Klerus überlagert und beherrscht zu werden. Dabei kommt es nicht darauf an, ob diese Elite, sei sie gesellschaftlich oder kirchlich, ihre Macht und ihre Stellung dazu gebraucht, das Volk auszubeuten, oder ob sie gewillt ist, ihm zu dienen, also ihre Funktion als bescheidenen und demütigen Dienst am Volk interpretiert. Entscheidend ist die Tatsache, daß sie alle Kompetenz für sich beansprucht und vom Volk Gehorsam verlangt — sei es in ausbeuterischer, sei es in paternalistischer Sicht. Volkskirche in diesem Sinn bedeutet, daß das Volk selbst ernstgenommen werden und seine ihm eigene Vollmacht und Sendung ausüben will. Innerhalb dieses Ansatzes kann es durchaus, wenn die Spannungen nicht abgebaut werden, zu einer Entgegensetzung von »Volkskirche« und »Amtskirche«, von »Kirche von oben« und »Kirche von unten« kommen, so falsch derartige Polarisierungen auch sein mögen. Volkskirche bedeutet dabei keineswegs amtsfreie Kirche, Kirche ohne sakramentale Ordination, Sendung und Vollmacht. Aber dieses Amt steht — unbeschadet eines unaufgebbaren Gegenüber zur Gemeinde — *im* Volk und nicht über ihm. Der Begriff Volk umschließt selbstverständlich auch ein Amt, wenn es sich nicht selbst vom Volk isoliert.

Volkskirche bedeutet, daß die Laien selbst ihr Geschick in die Hand nehmen und damit aufhören, Masse zu sein. Die Christen sind hier nicht mehr passive

Befehlsempfänger, die in ihrem Leben und Bekenntnis ausführen, was der Klerus ihnen vorgetragen und verkündet hat. In der Volkskirche entscheiden Laien als die Basis der Kirche selbst über ihre Angelegenheiten, sie geben sich nicht damit zufrieden, daß andere für sie wirken und das angeblich Beste für sie wollen. Volkskirche ist keine Kirche *für* das Volk, sondern *des* Volkes. Das Volk selbst will seine Ziele definieren und um ihre Durchführung ringen. Wenn sich die Oberschicht, Klerus und Hierarchie vom Volk absondern und beanspruchen, die Entscheidungen, Wahrheitsfindung und Willensbildung für das Volk vorzunehmen, wenn sie das Volk in Abhängigkeit halten wollen, dann können Spannungen entstehen und es kann zu einem Gegeneinander der Stände in der Kirche kommen. Die Geschichte kennt Beispiele dafür. Doch dies ist nicht notwendig und unabdingbar so. In der Volkskirche haben auch die Amtsträger ihren Platz und ihr Recht. Volkskirche ist nicht *gegen* die Bischöfe gerichtet, ganz im Gegenteil: diese sind in der Kirche des Volkes durchaus willkommen. »Bischöfe und viele andere, die in der Seelsorge tätig sind und das Volk auf diesem Weg begleiten, auf dem es durch den in der Gemeinschaft gelebten Glauben zum Volk Gottes wird, machen sich so diese Volksversion von Kirche zu eigen. Sie legen Titel und Würdenzeichen ab, die sie dem Volk entfremden. Dort, wo das Volk kreative Verantwortung und Führung übernehmen kann, verändert sich auch die Weise, auf die diese Hierarchie unter dem Volk anwesend ist, ohne daß sie deshalb ihre unverzichtbare Aufgabe der Ermutigung und der Förderung der Einheit aufgibt. Auf ähnliche Weise wird auch die Aufgabe der Ordensleute und Theologen neu definiert. Letztere kennen und bejahen die Ausdrucksformen des Glaubens des Volkes und gehen bei ihrem Nachdenken über den Glauben von den Erfahrungen der Gemeinschaft und den Herausforderungen, vor denen sie steht, aus«[38].

Die Volkskirche ist also keine klerusfreie Kirche, sie hat den Klerus in ihrer Mitte. Es gibt südamerikanische Bischöfe, die öffentlich bekennen, von den Armen, vom Volk bekehrt worden zu sein. Allerdings haben sich Klerus und Hierarchie allzu oft isoliert, sich allein als die wahren und eigentlichen Christen verstanden, die die Kirche ausmachen, und die das Volk, die Laien letztlich gar nicht gebraucht hätten. Durch diesen Auszug des Klerus verarmte und verelendete das Volk, wurde zur Masse, passiv, es entstanden »Laien« im negativen Sinn des Wortes[39]. Die Geschichte zeigt, daß die Laien zu dem, was sie in der Konzeption der mittelalterlichen und der neuzeitlichen Theologie waren, dadurch wurden, daß die Hierarchie und damit das Amt und die Bildung sich zu einem eigenen Stand zusammengeschlossen und abgekapselt haben und eine unmündige Masse zurückließen.

Von Seiten der Kritiker der Theologie der Befreiung und der Basisgemeinden wird dieser Form der Volkskirche der Vorwurf gemacht, hier würde Kirche gleichsam von unten nach demokratischem Modell aufgebaut, wobei alle Gewalt vom Volk ausgehen solle. Damit seien die Strukturen der Kirche, die von Gott, also von oben kommt und in der das Empfangen vor dem Machen und dem Tun steht, auf den Kopf gestellt. Die Entgegensetzung von Volkskirche und Amtskirche lasse sich mit der katholischen Vorstellung von der Kirche nun einmal nicht vereinbaren. Der Begriff Volk sei sowohl im Neuen Testament als auch im II. Vatikanum nicht soziologisch verstanden, er komme nicht aus dem

Vokabular des Klassenkampfes, so als könne sich das Volk der Gläubigen gegen die hierarchische Oberschicht auflehnen, die es unterdrückt und ausbeutet.

Gegenüber diesen Vorwürfen weist die Theologie der Befreiung darauf hin, daß die Einheit, die Communio, die Gemeinschaft, die Koinonia, die sich sowohl im Neuen Testament als auch im II. Vatikanum fundamental mit dem Begriff Volk Gottes verbinden, geschichtlich zunächst dadurch in Frage gestellt wurden, daß sich innerhalb des Volkes Gottes die Gruppe des Klerus abgesondert hat, daß sie einen eigenen Stand bildete und dann allein noch die anderen, die nicht zu dieser Elite gehörten, als »Laien«, als »Volk« abqualifizierte. Die Hierarchie erhob den Anspruch, für die anderen zu sprechen, also allein festzulegen, was wahrer christlicher Glaube ist und wie rechtes christliches Tun sich gestalten muß. Die biblische Konzeption vom Volk Gottes schließt derartige Vorstellungen aus. Das bedeutet nicht, daß nicht dem Amt innerhalb des Volkes Gottes ein unverzichtbarer Auftrag zukommt, daß es nicht der Gemeinde im Namen Christi auch gegenübertreten kann und muß. Aber unbeschadet dieser Vollmacht und Verpflichtung haben Wahrheitsfindung und Willensbildung eben im Volk und damit nicht nur von oben nach unten zu erfolgen. Nach biblischem Verständnis, das im II. Vatikanum wiederentdeckt wurde, gehören eben auch die Amtsträger zum Volk Gottes. Erst durch die Beanspruchung aller Vollmacht durch den Klerus wurde die Kirche gleichsam aufgespalten in eine Amtskirche und eine Volkskirche. Die Kritik an Fehlentwicklungen innerhalb der Basisgemeinden sollte damit beginnen, daß die Hierarchie, der Klerus seinen Platz im Volk Gottes neu entdeckt, und *in und mit* ihm, also auch mit den »Laien«, um die rechten Entscheidungen und um das wahre Bekenntnis ringt. So ist die Theologie der Befreiung überzeugt: Wenn der Klerus nicht mehr beansprucht, allein für alle Christen sprechen zu können und alle Entscheidungsvollmacht zu besitzen, wenn in der Kirche kollegiale Strukturen entwickelt sind, in denen alle über das mitentscheiden, was alle betrifft, wie es in der Alten Kirche selbstverständlich war, dann wird auch die Trennung von Volkskirche und Amtskirche überwunden sein und von einer Gemeinschaft im Volk Gottes abgelöst werden.

D

ERGEBNIS: VOM LAIEN ZUM VOLK GOTTES

Ein Überblick über die historische wie über die systematische Behandlung des Laien zeigt gewisse durchlaufende Entwicklungstendenzen und offenbart Konstanten der Argumentation. Aber die Grundfrage, was denn nun eigentlich der Laie sei, bleibt letztlich offen und ohne Antwort. Man muß wohl sagen, daß alle positiven Bestimmungen des Laien sich als nicht tragfähig erweisen. Wo immer man versuchte, den Laien positiv zu umschreiben, und das geschah in erster Linie im II. Vatikanischen Konzil, unterscheiden ihn diese positiven Bestimmungen nicht vom Kleriker. Denn die Tatsache, daß er »durch die Taufe Christus einverleibt, zum Volk Gottes gemacht und des priesterlichen, prophetischen und königlichen Amtes Christi« teilhaftig ist (LG 31), hat er zweifellos mit dem Kleriker *gemeinsam*. Im Kirchenrecht, das notgedrungen mit möglichst scharfen und eindeutigen Definitionen arbeiten muß, sind die »Pflichten und Rechte aller Gläubigen (Can 208–223) und die »Pflichten und Rechte der Laien« (Can 224–231) kaum unterschieden. Und unter den für die Laien geltenden Rechten und Pflichten lassen sich kaum irgendwelche ausmachen, die nicht auch für Kleriker gelten, vor allem wenn man mitbedenkt, daß zu den Klerikern auch die verheirateten Diakone gehören. Damit scheiden auch die Aufgaben und Funktionen in Ehe und Familie als Unterscheidungskriterien für Laien und Kleriker aus.

Ähnlich ist es mit dem *Weltbezug* der Laien, der diesen nicht eindeutig vom Kleriker trennt. Schon das Konzil spricht davon, daß unter Umständen auch Kleriker einen weltlichen Beruf ausüben können, so wie dies in der Alten Kirche selbstverständlich war (LG 31). Es betont immer wieder das Recht und die Pflicht von Laien, auch *in* der Kirche zu wirken, dort aktiv zu werden und Verantwortung zu übernehmen. Die Aussage, daß den Laien »der Weltcharakter in besonderer Weise eigen« ist (LG 31), erweist sich damit nicht als eine Definition, eine Bestimmung des Laien oder gar als eine Abgrenzung von Zuständigkeiten, die der Laie zu beachten hätte und die es ihm verwehren würden, in der Kirche Aufgaben zu übernehmen. Das Konzil hat die Formulierung vom »Weltcharakter« des Laien »als soziologische, aber nicht als theologische Aussage über den Laien«[40] verstanden. E. Schillebeeckx bezeichnet diese Bestimmung als »typologische Umschreibung« und urteilt: »Man wollte keine ›ontologische‹ Definition des Laien geben«[41].

Alle positiven Beschreibungen des Laien erweisen sich damit als unzureichend, und sie greifen immer auf die negative Bestimmung zurück: auf die Tatsache, daß der Laie nicht dem Klerus und dem Ordensstand angehört, daß er nicht geweiht ist. Damit scheint es, daß wir in der Bestimmung des Laien letztlich doch auf den Stand vor dem Konzil zurückgeworfen sind, und daß als harter Kern hinter allen freundlicheren Umschreibungsversuchen eben doch die gegenseitige Ausschließlichkeit von Klerus und Laien übrig bleibt. Der Laie ist im Grunde doch lediglich der *Nichtkleriker*, wobei diese Tatsache nicht zu einem feindseligen Gegeneinander der beiden Stände im Sinn der Enzyklika *Clericis laicos* führen muß. Diese Bestimmung des Laien kann durchaus auch

Anlaß geben zu einer gegenseitigen Anerkennung und Wertschätzung, wie sie das Konzil mit hohen Worten gepriesen hat. Dennoch bleibt es enttäuschend, daß es nicht gelungen ist, den Laien in sich zu definieren oder auch nur zu umschreiben, ohne auf die genannte Entgegensetzung zurückzugreifen, den Laien also so zu bestimmen, wie es das »Kirchenlexikon« mit seinem Verweis »siehe Clerus« durchaus folgerichtig getan hat.

Vielleicht aber ist diese offensichtlich unzureichende Antwort darin begründet, daß die Frage: »Wer ist ein Laie?« von vornherein falsch gestellt ist, und auf eine falsch gestellte Frage läßt sich nun einmal keine richtige Antwort geben.

Einen ersten Hinweis auf die Möglichkeit, daß die Frage falsch gestellt sein könnte, gibt der Vergleich mit den verschiedenen *Gesellschaftsordnungen*. Letztlich hat sich ja die Struktur unserer Kirche — wenn auch nicht im Kern, so doch in der Ausgestaltung dieses Kerns — immer in der Auseinandersetzung, in Zurückweisung und kritischer Rezeption staatlicher Ordnung entwikkelt. In unseren Gesellschaftsordnungen gibt es nirgendwo eine Sammelbezeichnung für jene, die kein besonderes Amt, keine hoheitliche Funktion in einem Staat ausüben. Begriffe wie »Bürger« oder, für uns von besonderem Belang, »Volk«, bezeichnen immer *alle* Angehörigen eines Staates und niemals nur die Nicht-Beamten. Selbstverständlich sind auch die Beamten Angehörige des Volkes, sind sie Bürger. Und als solche haben sie dann für dieses Volk und in ihm eine besondere Verantwortung. Beamte — und ähnliches gilt für die Abgeordneten oder die Mitglieder der Regierung — haben besondere Aufgaben und Verantwortungen. Diese kommen ihnen zumeist auf Zeit, also begrenzt zu. Es gibt aber auch Ämter, die auf Lebenszeit verliehen werden. Aber trotz derartiger Rechte und Pflichten ist der mit ihnen Betraute nach wie vor Bürger, Angehöriger des Volkes. Es gibt also, das ist hier festzuhalten, im staatlichen Bereich keinen Begriff, der die Nichtbeamten zu einer eigenen Gruppe zusammenfassen und sie gegenüber den Beamten abgrenzen würde. Sehr wohl können die Beamten eine eigene Gruppe bilden, sich beispielsweise in einem Beamtenbund zusammenschließen. Aber es gibt keinen Zusammenschluß der Nicht-Beamten und ein derartiger Bund wäre auch kaum denkbar. Es gibt nicht einmal eine gemeinsame Bezeichnung für die Nicht-Beamten.

Matthäus Kaiser hat aus der Perspektive des Kirchenrechts von hier aus eine Parallele zu unserer Kirchenstruktur gezogen: »Der Begriff ›Staatsbürger‹ ist Analogon für den Begriff ›Kirchenglied‹. Ein Staatsbürger, der Beamter wird, bleibt Staatsbürger, wie ein Kirchenglied, das Kleriker wird, Kirchenglied bleibt. Für den kirchlichen Begriff ›Laie‹ gibt es im staatlichen Bereich kein Analogon. Gäbe es ein solches, dann könnte es nur die Bedeutung von ›Nichtbeamter‹ haben«[42]. Der Begriff ›Laie‹ erscheint bei Kaiser im Kirchenrecht als ein technischer Hilfsbegriff, als eine Kurzbezeichnung, die einen gewissen Nutzen als Sprachkürzel haben mag. »Jeder Versuch aber, dem Begriff ›Laie‹ einen positiven Inhalt zu geben ... ist notwendig zum Scheitern verurteilt«. Und Kaiser deutet die Möglichkeit an, es »dürfte auch im kirchlichen Bereich der Hilfsbegriff ›Laie‹ entbehrlich sein«[43]. Dem Wort ›Laie‹ entspricht demnach keine kirchliche Realität und dies ist der Grund, warum der Begriff sich als nicht definierbar herausstellt.

Diese rechtliche Überlegung trifft sich mit der biblischen Besinnung. Als sich in der Kirche der Stand der Kleriker etabliert hatte, entstand durch diese Ausgrenzung der Stand der Nicht-Kleriker, und ihn belegte man mit dem Begriff *laós*, die Laien. Aber damit hatte man dieses Wort anders verwendet, als es in der biblischen Überlieferung tradiert worden war. Jetzt besagte es eine innerkirchliche Differenz, die es im Neuen Testament nicht beinhaltet, ja geradezu ausgeschlossen hatte. Der Begriff *laós* wird, wie wir gesehen haben, im Neuen Testament überall dort, wo er theologisch bedeutsam ist, nicht auf die einfachen Leute im Gegensatz zu den geistlichen und weltlichen Führern des Volkes bezogen, sondern er umschreibt die Glaubenden und Getauften im Gegensatz zu den Nicht-Getauften und Nicht-Glaubenden. Die große Trennungslinie verläuft zwischen dem Volk und dem Nicht-Volk, den Glaubenden und den Ungläubigen. Und der Begriff *laikós*, der nach griechischem und jüdischem Sprachgebrauch einen Unterschied innerhalb des Volkes zum Ausdruck bringen könnte, der Gegenstände und Personen, die zum Gottesdienst bestimmt sind, von denen unterscheidet, die diese Zuordnung nicht haben und als profan gelten, ist im Neuen Testament geradezu ängstlich vermieden. Eine Unterscheidung von geistlichen und weltlichen Bereichen und Personen, wie sie im staatlichen und im religiösen Umfeld des Neuen Testaments geläufig und selbstverständlich war, haben die biblischen Schriftsteller nicht übernommen, ja sie haben sie bewußt ausgeschlossen; das sollte es im Volk Gottes nicht geben. Die früheste Verwendung von *laikós* im christlichen Bereich, nämlich im Ersten Klemensbrief, beschreibt noch die Situation in der jüdischen Synagoge und nicht die Ordnung der christlichen Gemeinde. Das bedeutet nicht, daß es innerhalb des Volkes Gottes nach neutestamentlichem Zeugnis nicht besondere Aufgabenstellungen gegeben hätte: bestimmte Charismen und Ämter, die spontan oder im Auftrag, auf Zeit oder auf Dauer ausgeübt wurden. Aber nirgendwo finden wir einen Hinweis darauf, daß die Gemeindeglieder mit besonderer charismatischer oder amtlicher Vollmacht nicht mehr zum *laós*, zum »Volk« gehört hätten. Alle waren Brüder.

Um diesem biblischen Sprachgebrauch gerecht zu werden, hat man in der neutestamentlichen Exegese vorgeschlagen, »auf den Hilfsbegriff ›Laie‹ zu verzichten und sich stärker an den neutestamentlichen Gemeindeordnungen zu orientieren. Sie kamen ohne den Hilfsbegriff ›Laie‹ aus, nahmen die Basis ernst und benannten nur die Dienstämter eigens«[44]. Inzwischen wird der Vorschlag, »auf den Begriff ›Laie‹ zu verzichten«, auch in der systematischen Theologie laut; denn, so die Begründung, »den ›Laien‹ gibt es eigentlich nicht«[45], und dies ist der Grund dafür, daß er sich auch nicht definieren läßt.

Wenn wir uns diesem Vorschlag anschließen und die Meinung vertreten, daß der Begriff »Laie«, so wie er heute verwendet wird, letztlich irreführend ist, dann bedeutet dies in keiner Weise, daß damit die Ekklesiologie sich wieder ganz auf den Klerus und seine Betrachtung beschränken, wieder zur »Hierarchologie« alten Stils werden dürfte. Ganz im Gegenteil: es gilt den Begriff *laós* wieder in dem Sinn ernstzunehmen, den er vom Ursprung her hatte, nämlich als Bezeichnung für das Volk Gottes, für die Kirche als ganze. Wenn wir eine rechte *Theologie des Volkes Gottes* haben, so also die These, brauchen wir keine *Theologie des Laien*. Wenn die Wirklichkeit des Volkes Gottes in unseren kirchlichen Organisationsformen realisiert ist, müssen wir uns nicht mehr den Kopf zerbrechen über eine Aktivierung der Laien. Die Besinnung auf den Laien, die derzeit weithin gefordert wird, sollte also übergehen in eine Besinnung auf das *Volk Gottes*, seine Gestalt und seine Strukturen. Darin ist der »Laie« ganz selbstverständlich eingeschlossen; er ist sogar der Erstbetroffene, so daß er gar nicht eigens erwähnt werden muß. Es geht eben um ihn, wenn es um das Volk Gottes geht.

Die Aussagen über das Volk Gottes beziehen sich natürlich auch auf die Ämter, die es innerhalb des Volkes Gottes gibt und geben muß, weil sie für die Kirche unverzichtbar sind. Aber diese Ämter stehen eben nicht über den »Laien«, sondern inmitten des Volkes. Dies hat das II. Vatikanische Konzil jedenfalls im Prinzip anerkannt, wenn es das Kapitel über das Volk Gottes dem Kapitel über die hierarchische Verfassung und das Bischofsamt vorangestellt hat, wenn es betont, daß »eine wahre Gleichheit in der allen Gläubigen gemeinsamen Würde und Tätigkeit zum Aufbau des Leibes Christi« waltet (LG 32). Das Kirchenrecht hat dies aufgegriffen, als es die Kirche nicht mehr als eine Gemeinschaft von Ungleichen bestimmte, sondern formulierte: »Unter allen Gläubigen besteht, und zwar aufgrund Ihrer Wiedergeburt in Christus, eine wahre Gleichheit in ihrer Würde und Tätigkeit, kraft der alle je nach ihrer eigenen Stellung und Aufgabe am Aufbau des Leibes Christi mitwirken« (Can 208).

In der Praxis ist der Umdenkungsprozeß, der sich aus derartigen Aussagen herleiten müßte, noch nicht sehr weit gediehen, hier ist die Idee von der Kirche als Volk Gottes noch nicht strukturbildend geworden. Es gibt die Organisationsformen, in denen das Volk Gottes seinen Glauben formulieren und seinen Willen finden und zum Ausdruck bringen könnte, erst sehr anfangshaft. Nach wie vor werden alle wichtigen Entscheidungen nicht vom Volk Gottes, sondern von wenigen Amtsträgern im Volk oder für dieses gefällt. Nach wie vor sind fast alle

Entscheidungsvollmachten dem Klerus vorbehalten und er ist frei, ob und wie er die Laien in den Prozeß der Entscheidungsfindung mit einbeziehen will und wen er zur Beratung heranzieht. Sicher versteht sich jedes Amt als Dienst. Dennoch ist es noch nicht gelungen, für eine breite kirchliche Öffentlichkeit deutlich zu machen, daß das Amt um des Volkes Gottes willen da ist und von ihm her betrachtet werden muß, und nicht das Volk Gottes vom Amt und seinen Repräsentanten her verstanden werden darf. Viele Glieder des Volkes Gottes vermögen in der Amtsführung der Kleriker nicht immer einen demütigen Dienst zu erkennen. Dem Amt sind im Laufe der Kirchengeschichte vielfältige Vollmachten und Kompetenzen zugewachsen, die sich keineswegs notwendig und vom Wesen und der Stiftung der Kirche her mit ihm verbinden. Damit wurde die Idee des Volkes Gottes und der gemeinsamen und gleichen Würde aller verdunkelt. Kirche erscheint heute häufig nach innen wie nach außen weniger als Volk Gottes denn als eine von oben nach unten durchstrukturierte Größe, in der die »Laien« weitgehend aus der Verantwortung ausgeklammert sind.

Wenn heute um die Rechte der Laien gerungen und diskutiert wird, so dürfte das darauf zurückzuführen sein, daß mit unserer Theologie und Praxis des Volkes Gottes etwas noch nicht stimmt. Wenn um die Aktivierung der Laien gekämpft werden muß, verwirklicht sich die Kirche noch nicht richtig als Volk Gottes. In einer rechten Theologie und Praxis des Volkes Gottes wäre die Thematik des Laien aufgehoben. »Wenn im kirchlichen Sprachgebrauch noch nicht ohne den Begriff ›Laie‹ auszukommen ist, dann kann dies ein Zeichen dafür sein, daß die Lehre von der fundamentalen Gleichheit aller Glieder der Kirche vom Bewußtsein des christlichen Volkes noch nicht rezipiert ist«[46].

Nochmals sei betont: All dies widerspricht nicht der Aussage, daß es in der Kirche verschiedene Dienste und Ämter geben muß, die bestimmte Aufgaben zu vollziehen haben. Ohne diese Ämter wäre das Volk nicht das Volk Gottes, die Kirche. Dies gilt vor allem für das durch Ordination verliehene Amt. Aber diese Ämter stehen *im* Volk Gottes, im *laós*, und nicht über ihm. Nichts berechtigt, jene, die kein Amt haben, als »Volk« und »Laien« im negativen Sinn abzuqualifizieren. »Aus der ›Ordination‹ der einen darf nicht eine ›Subordination‹ der anderen werden«[47]. Die Kirche ist nicht in eine lehrende und eine hörende und gehorchende Kirche aufzuteilen. Als ganze bewahrt sie den Glauben und gibt ihn weiter, als ganze spendet sie die Sakramente und als ganze vollzieht sie ihren Dienst in der Welt. Was alle betrifft, muß, wie es in der Alten Kirche formuliert wurde, auch von allen entschieden werden. Wenn man die Kirche aufteilt in einen Klerus, der entscheidet, und einen Laienstand, der gehorcht und bestenfalls berät, widerspricht man dem Bild vom Volk Gottes, wie es die Schrift zeichnete, die Alte Kirche lebte und das II. Vatikanum wieder aufgegriffen hat.

Die Erkenntnis der grundlegenden Gemeinsamkeit und der gleichen Würde aller hat Konsequenzen auch für die Frage nach einer Laienspiritualität. Zunächst haben alle als Christen eine gemeinsame Spiritualität oder sollten sich um sie bemühen. Diese ist christlich und nicht spezifisch für die einzelnen Stände in der Kirche. Erst im Rahmen dieser gemeinsamen Spiritualität aller gibt es dann Differenzen, je nach der besonderen Lebenssituation, in der ein jeder steht. Daß es einen Unterschied ausmacht, ob jemand — sei er Laie oder

Kleriker — verheiratet ist oder nicht, einen weltlichen Beruf ausübt oder nicht, ist offensichtlich. Denn Spiritualität muß sich ja erweisen als die geistliche Aufarbeitung und Bewältigung der jeweiligen Lebenssituation. Insofern lassen sich für die einzelnen Gruppen in der Kirche dann gewisse Schwerpunkte festmachen, weil die Laien nun einmal mehrheitlich einen Beruf ausüben, der nicht kirchlich geprägt ist, und weil die Kleriker mehrheitlich keine Familie haben, und dies auch die jeweilige Frömmigkeit tangiert. Dies begründet aber nicht verschiedene Spiritualitäten, sondern setzt lediglich unterschiedliche Konkretionen der einen und gemeinsamen christlichen Spiritualität.

Vor allem wäre es verfehlt, den Laien eine welthafte, eine weltoffene, den Klerikern eine weltlose Spiritualität zuzuschreiben. Jede Spiritualität ist daraufhin angelegt, unsere weltliche Wirklichkeit ernst zu nehmen und sie geistig-geistlich zu durchdringen, zu verarbeiten. Das ist nicht Innerweltlichkeit, ist kein Umweg auf dem Weg zu Gott. Gott ist uns nicht anders zugänglich als im Medium der Welt. Er zeigt sich in, mit, unter und durch die Welt, die er um ein Unendliches übersteigt und transzendiert. Weltliche Spiritualität verbleibt keineswegs einfachhin in dieser Welt, sondern findet in ihr den sie transzendierenden Gott.

Dies gilt ebenso für die Spiritualität der Priester und Ordensleute. Auch ihnen ist Gott nicht unmittelbar zugänglich, sondern er erschließt sich nun einmal in der Welt und vermittels dieser Welt. Die Welt ist auch für sie kein Umweg und keine Ablenkung, sondern das Medium der Spiritualität. Ziel ist es nicht, die Welt zu übersteigen, sie hinter sich zu lassen, sondern sie für Gott transparent zu machen. Gerade die christliche Mystik ist geprägt von der Bemühung, in allen Dingen

Gott zu erkennen und zu finden. Damit verlieren die Dinge nicht ihren Eigenwert, ganz im Gegenteil. Friedrich von Hügel, der große Anreger einer neuen Mystik, hat immer wieder darauf hingewiesen, daß es zu einer jeden Spiritualität gehört, sich den unerbittlichen Gesetzen unserer Natur und den Erkenntnissen der Geschichte zu unterwerfen, und dies vor allem dann, wenn sie wehtun, wenn sie schmerzen. Das Ernstnehmen dieser Wirklichkeit und die Bereitschaft, sich ihr demütig zu stellen, erscheint geradezu als das Purgatorium, das Fegefeuer der Gegenwart. Nur auf dem Weg in diese irdische Wirklichkeit und durch die Bereitschaft, sich ihr zu fügen, kann menschliche Person reifen. »Person wird dadurch, daß sich das Individuum losläßt, einer Wirklichkeit unterstellt, die es nicht beherrschen kann, sondern der es unterworfen ist. Die Gesetzmäßigkeit der Wissenschaft kann das Individuum von seiner primären Ichbezogenheit befreien und von einem plumpen Egoismus läutern«[48]. Jede Spiritualität, auch die klösterliche und die priesterliche, muß die Welt ernstnehmen und sich in sie hineinbegeben, soll sie nicht der befreienden und bescheiden machenden Wirkung der Auseinandersetzung mit ihr verlustig gehen.

ANMERKUNGEN

Einleitung und Themenstellung

[1] *E. Le Roy,* Dogme et critique, Paris 1907, S. 13.

[2] Eine insgesamt sehr pointierte Kritik am Selbstverständnis des offiziellen Laienkatholizismus in Deutschland bringt E. Klinger, Der Laienkatholizismus — die Kirche der Laien, in: *E. Klinger — R. Zerfaß,* Die Kirche der Laien, Würzburg 1987, S. 15–24.

[3] Die Literatur zur Frage der Frau in der Kirche ist inzwischen unübersehbar geworden. Bedeutsam ist die Stellungnahme der Deutschen Bischofskonferenz: Zu Fragen der Stellung der Frau in Kirche und Gesellschaft (21. 9. 1981). Die wichtigsten Verlautbarungen sind dokumentiert bei *W. Beinert* (Hrsg.), Frauenbefreiung und Kirche. Darstellung — Analyse — Dokumentation, Regensburg 1987.

[4] In den Beschlüssen der Diözesan-Synode Rottenburg-Stuttgart 1985/86, Weitergabe des Glaubens an die kommende Generation, Stuttgart 1986, heißt es: »Bei allen Diensten, die von Laien wahrgenommen werden, haben Mann und Frau die gleiche Verantwortung und die gleichen Rechte« (S. 32).

[5] *H. H. Walz,* Laienbewegung, in RGG IV, Sp. 205. Daß dieses Problem durchaus auch in den evangelischen Kirchen trotz ihrer Betonung des allgemeinen Priestertums von Bedeutung ist, zeigt schon zum Beginn unseres Jahrhunderts *M. Rade,* Das Königliche Priestertum der Gläubigen und seine Forderungen an die evangelische Kirche unserer Zeit, Tübingen 1918: »Die Laien bleiben Objekt. Es ist furchtbar schwer, unsere Laien mobil zu machen« (S. 4 f.). Derzeit werden im evangelischen Bereich Laien oft als »Nicht-Theologen« im Gegensatz zu »Nicht-Priestern« im katholischen Verständnis bestimmt (so schon in Amsterdam 1948). Laie ist damit, wer keine theologischen Grade hat.

Erster Teil

[1] So *M. Kaiser,* in: Handbuch des katholischen Kirchenrechts, hrsg. von *J. Listl — H. Müller — H. Schmitz,* Regensburg 1983, S. 184.

[2] *P. Neuner,* Der Laie in der Kirche, in: Lebendiges Zeugnis 42 (1987), S. 34–45, hier S. 35.

[3] Zur Begriffsgeschichte vgl.: *I. de la Potterie,* L'origine et le sens primitif du mot »laic«, in: Nouvelle Revue Théologique 80 (1958), 840–853; *J. B. Bauer,* Die Wortgeschichte von »laicus«, in: ZkTh 81 (1959), S. 224–228.

[4] Zum ganzen Absatz vgl. *H. Strathmann — R. Meyer,* Laós, in: ThWNT IV, S. 29–57; *N. A. Dahl,* Das Volk Gottes, Darmstadt, 2. Auflage 1963.

[5] *H. Döring,* Grundriß der Ekklesiologie, Darmstadt 1986, S. 245.

[6] *A. Weiser,* Diskussion über den Laien, in: Christ in der Gegenwart 39 (1987), S. 236.

[7] Siehe hierzu: *H.-J. Klauck,* Die Autorität des Charismas, in: Die Kirche der Laien, hrsg. v. *E. Klinger — R. Zerfaß,* Würzburg 1987, S. 25–37.

[8] *H.-J. Klauck,* a.a.O. S. 30.

[9] Zur Ämterlehre im NT und in der frühen Kirche s. *H. Fries,* Fundamentaltheologie, Graz/Wien/Köln 1985, S. 417–445.

[10] *J. Ratzinger,* Die christliche Brüderlichkeit, München 1960, S. 52. (Auch die nächsten Zitate sind aus diesem Buch entnommen).

[11] Zitiert nach *J. A. Fischer* (Hrsg.), Die Apostolischen Väter, Darmstadt 1970, Nr. 40,5.

[12] Clem. Al., Strom. III, 12, in: PG 8, Sp. 1189c.

[13] Orig., Jer.hom., XI, 3, in: PG 13, Sp. 369c.

[14] Zitiert nach *J. B. Bauer,* Die Wortgeschichte von »laicus« in: ZkTh 81 (1959), S. 225.

[15] Tertullian, De exhort. cast. 7, nach: *P.-Th. Camelot,* Handbuch der Dogmengeschichte, Bd. III, 3b, Freiburg/Basel/Wien 1970, S. 16.

[16] *G. Schwaiger,* Päpstlicher Primat und Autorität der Allgemeinen Konzilien im Spiegel der Geschichte, München/Paderborn/Wien 1977, S. 101.

[17] 44,3.

[18] 15,1; zitiert nach *R. Kottje,* Die Wahl der kirchlichen Amtsträger, Geschichtliche Tatsachen und Erfahrungen, in: Concilium 7 (1971), S. 196.

[19] Zitiert nach *H.-M. Legrand,* Der theologische Sinn der Bischofswahl nach ihrem Verlauf in der alten Kirche, in: Concilium 8 (1972), S. 496.

[20] A.a.O.

[21] A.a.O.

[22] Joh. Chrys., In Philipp. cap. 1 hom. 3,4, in: PG 62, Sp. 204.
[23] Joh. Chrys., In 2 Cor, hom. XVIII, 3, in: PG 61, Sp. 527.
[24] Zitiert nach *E. Schillebeeckx,* Das kirchliche Amt, Düsseldorf 1981, S. 68.
[25] August. Sermo 340, in: PL 38, Sp. 1483.
[26] *Y. Congar,* Elemente einer »Spiritualität« des Laien, in: *A. Zottl* (Hrsg.), Weltfrömmigkeit. Grundlagen — Traditionen — Zeugnisse, Eichstätt/Wien 1985, S. 68–84, hier S. 77.
[27] Zitiert bei *F. X. Seppelt — G. Schwaiger,* Geschichte der Päpste, München 1964, S. 47.
[28] *Y. Congar,* Der Laie, Stuttgart, 3. Auflage 1964, S. 26.
[29] *Y. Congar,* a.a.O., S. 26 f.
[30] *K. S. Frank,* Grundzüge der Geschichte des christlichen Mönchtums, Darmstadt 1975, S. 16. Die Differenz zwischen Mönchtum und kirchlichem Amt ist besonders hervorgehoben bei *H. U. v. Balthasar,* Der Laie und der Ordensstand, Freiburg 1949.
[31] *J. Speigl,* Laie und Amt. Zur Geschichte der Laienfrage, in: *E. Klinger — R. Zerfaß* (Hrsg.), Die Kirche der Laien, Würzburg 1987, S. 38–53, hier S. 42.
[32] *Hieron.,* Ep. 52,5, in: PL 22, Sp. 531.
[33] *Y. Congar,* Handbuch der Dogmengeschichte, Bd. III, 3c, Freiburg/Basel/Wien 1971, S. 53.
[34] *F. X. Seppelt — G. Schwaiger,* Geschichte der Päpste, München 1964, S. 131.
[35] *F. X. Seppelt — G. Schwaiger,* a.a.O., S. 152.
[36] So wörtlich in der Bannformel, zitiert bei *F. X. Seppelt — G. Schwaiger,* a.a.O. S. 153.
[37] Zitiert bei *C. Mirbt,* Quellen zur Geschichte des Papsttums und des römischen Katholizismus, Bd. I, Tübingen, 6. Auflage 1967, Nr. 547.
[38] A. Auer macht darauf aufmerksam, daß noch bei R. Bellarmin in seiner Schrift Disputationes de controversiis sich der Begriff »Laie« ausschließlich auf die Fürsten bezieht. Sie wurden nun in einem abschätzigen Sprachgebrauch zu den Laien schlechthin; siehe *A. Auer,* Weltoffener Christ, Düsseldorf 1960, S. 50 f. Über die Tendenz der pseudoisidorischen Dekretalen, »die priesterliche Autorität von den Laien unabhängig zu machen«, s. *Y. Congar,* a.a.O. S. 35.
[39] So im dictatus papae Nr. 23.
[40] Zitiert bei *F. X. Arnold,* Glaubensverkündigung und Glaubensgemeinschaft, Düsseldorf 1955, S. 118.
[41] Zur Entwicklung der Zwei-Schwerter-Lehre vgl. *Y. Congar,* Handbuch der Dogmengeschichte, Bd. III, 3c, Freiburg/Basel/Wien 1971, S. 89 f.

[42] Zitiert in: *J. Neuner — H. Roos,* Der Glaube der Kirche, Nr. 430.

[43] Decr. Mag. Gratiani III, c. XII, q1, c7, in: Corpus iuris canonici, hg. *A. Friedberg,* Bd. I. Leipzig 1879 (Graz 1959), S. 678.

[44] Auch im liturgischen Vollzug dokumentiert sich die Konzentration auf den Klerus und die Ausgrenzung der Laien. Über das 9. und 10. Jahrhundert stellt Congar dar: »Zu dieser Zeit verstanden die Gläubigen das Latein nicht mehr. Seit dem Ende des 8. Jahrhunderts wird der Kanon leise gesprochen, der Priester zelebriert mit dem Rücken zum Volk, die Gläubigen bringen ihre Opfergaben nicht mehr zum Altar, in den Klöstern nehmen die ›stillen‹ Messen zu .... Zu dieser Zeit könnte man damit beginnen, die Zeugnisse zusammenzustellen, denen zufolge sich die Kirche hauptsächlich aus dem Klerus zusammensetzt« (*Y. Congar,* Handbuch der Dogmengeschichte, Bd. III, 3c, S. 32).

[45] *A. Auer,* Weltoffener Christ, Düsseldorf 1960, S. 32.

[46] *A. Auer,* a.a.O., S. 32.

[47] Siehe hierzu *A. Auer,* a.a.O., S. 30–48.

[48] *Congar* urteilt über diese Bewegung: »Gegen Ende des 11. und zu Beginn des 12. Jh. zeigt sich bei den Laien ein wahrer Hunger nach geistlichem Leben ... sie legen schließlich eine wahre Leidenschaft an den Tag zu predigen, die Botschaft auszubreiten. Zu nennen sind noch die Ritterepen, die Ritterromane, die um 1050–70 ihren Aufschwung nahmen; wie sie erregten die Kreuzzüge die Phantasie .... Kurz, eine Bewegung des Laien hat begonnen« (in: Handbuch der Dogmengeschichte, Bd. III, 3c, S. 128).

[49] Vgl. hierzu *G. Rottenwöhrer,* Der Katharismus, 4 Bde., Bad Honnef 1982.

[50] *E. Benz,* Ecclesia spiritualis. Kirchenidee und Geschichtstheologie der Franziskanischen Reform, Stuttgart 1964.

[51] *G. Gonnet,* Enchiridion Fontium Valdensium I (1179–1218), Torre Pellice 1958, S. 122.

[52] *H. Grundmann,* Religiöse Bewegungen im Mittelalter, Darmstadt 1977, S. 62.

[53] *H. Grundmann,* a.a.O., S. 68.

[54] *R. Zerfaß,* Der Streit um die Laienpredigt, Freiburg/Basel/Wien 1974, S. 366.

[55] *W. Brandmüller,* Laien auf der Kanzel. Ein Gegenwartsproblem im Lichte der Kirchengeschichte, in: Theologie und Glaube 63 (1973), S. 321–342.

[56] Die Aussage des II. Vatikanums, die Kirche sei »zugleich heilig und stets der Reinigung bedürftig, sie geht immerfort den Weg der Buße und Erneuerung« (LG 8), sie bedarf also immer der Umkehr, müßte ebenso wie die verschiedenen Schuldbekenntnisse, die Päpste wie Johannes XXIII., Paul VI. und Johannes Paul II. im Namen der

Kirche abgelegt haben, ganz konkret auch auf die Behandlung der Laien in der Kirche bezogen werden. Vgl. hierzu auch: *P. Neuner,* Die Kirche als Gemeinschaft der heiligen Sünder oder der sündigen Heiligen, in: Una Sancta 40 (1985), S. 93–103.

[57] Nach *G.* und *T. Sartory* (Hrsg.), Franz von Assisi: Geliebte Armut (Texte zum Nachdenken), Freiburg/Basel/Wien 1977, S. 73.

[58] *H. Grundmann,* a.a.O., S. 154.

[59] *A. Holl,* Der letzte Christ, Stuttgart 1979, S. 50.

[60] Zitiert nach *Y. Congar,* Der Laie, Stuttgart 3. Aufl. 1964, S. 36.

[61] *J. Neuner — H. Roos,* Der Glaube der Kirche, Nr. 429.

[62] Die Universitätslehrer waren oft auf kirchliche Pfründen angewiesen, weil ja auch die Universitäten häufig kirchliche Stiftungen waren. Aus diesem Grund haben sie, wie Grundmann aufweist, oft die niederen Weihen oder doch die Tonsur empfangen, um in diese Pfründen eingewiesen werden zu können. »Insofern wurden sie ›Kleriker‹, um Universitätslehrer sein zu können«. (*H. Grundmann,* Vom Ursprung der Universität im Mittelalter, Darmstadt, 2. Auflage 1976, S. 28). Der Begriff »Kleriker« bezeichnete damit nicht allein eine kirchliche Stellung, sondern einen Bildungsgrad, ebenso — wenn auch im Gegensatz dazu — der Begriff Laie. Mit der Ungeklärtheit des Begriffs »Kleriker« ergab sich dann folgerichtig auch die Undefinierbarkeit des Begriffs »Laie«.

[63] Siehe vor allem *W. Stein,* Das kirchliche Amt bei Luther, Wiesbaden 1974.

[64] Mit einem hohen Maß kirchenamtlicher Repräsentanz wurde diese Einigung festgestellt vom Ökumenischen Arbeitskreis evangelischer und katholischer Theologen in: *K. Lehmann — W. Pannenberg* (Hrsg.), Lehrverurteilungen — kirchentrennend? Freiburg/Göttingen 1986; vgl. hierzu *P. Neuner,* Kleines Handbuch der Ökumene, Düsseldorf 2. Auflage 1987, S. 191 ff.

[65] Aus: An den christlichen Adel deutscher Nation, in: *H. H. Borcherdt — G. Merz,* Ausgewählte Werke, Bd. II, S. 89.

[66] Drastisch drückt Luther die Entfremdung zwischen Klerus und Laien aus in der Schrift »Von der babylonischen Gefangenschaft der Kirche«: »Hier hat die christliche Bruderschaft ganz ein Ende genommen, hier sind aus Hirten Wölfe, aus den Knechten Tyrannen und aus den Geistlichen mehr als zu Weltliche geworden» (in: *H. H. Borcherdt — G. Merz,* Ausgewählte Werke, Bd. II, S. 242).

[67] Siehe hierzu *W. Rochler,* Martin Luther und die Reformation als Laienbewegung, Wiesbaden 1981.

[68] Siehe hierzu *P. Neuner,* Kleines Handbuch der Ökumene, Düsseldorf 2. Auflage 1987, S. 142 f.

[69] Zu Luthers Position zum allgemeinen Priestertum s. *W. Stein,* Das kirchliche Amt bei Luther, Wiesbaden 1974, S. 124–130.

[70] Römischer Katechismus nach dem Beschlusse des Konzils von Trient, Nr. II, 7,2.

[71] Römischer Katechismus, Nr. II, 8,12.

[72] *J. Neuner — H. Roos,* Nr. 394.

[73] *H. Fries,* Gibt es ein Lehramt der Gläubigen? in: Concilium 21 (1985), S. 289; jetzt auch in: ders., »Damit die Welt glaube«, Frankfurt 1987, S. 91–104.

[74] *K. Mörsdorf,* Lehrbuch des Kirchenrechts, Bd. I, München/Paderborn/Wien 10. Auflage 1959, S. 554.

[75] So das Urteil des Kirchenhistorikers S. Merkle, zitiert nach *K. Wittstadt,* Perspektiven zum »Laien-Bild« im 19. Jahrhundert, in: *E. Klinger – R. Zerfaß,* Die Kirche der Laien, Würzburg 1987, S. 54–65, hier S. 57.

[76] Mehrere der genannten Autoren wurden aufgenommen in die von *H. Fries — J. Finsterhölzl* herausgegebene Reihe: Wegbereiter heutiger Theologie, Graz/Wien/Köln 1969 ff.

[77] *J. R. Geiselmann,* Die Katholische Tübinger Schule, Freiburg/Basel/Wien 1964, S. 571.

[78] *J. A. Möhler,* Die Einheit in der Kirche oder Das Prinzip des Katholizismus, hrsg. und eingel. von *J. R. Geiselmann,* Darmstadt 1957, S. 237.

[79] *J. R. Geiselmann,* a.a.O., S. 572 f.

[80] Übersetzung in: *J. H. Newman,* Ausgewählte Werke, hrsg. von *M. Laros — W. Becker,* Bd. IV: Polemische Schriften, Mainz 1959, S. 253–292. Die folgenden nur mit Seitenangaben belegten Zitate stammen aus dieser Übersetzung.

[81] Newman gestaltet hier die traditionelle Unterscheidung von ecclesia docens und ecclesia discens, der lehrenden und der lernenden, der gehorchenden Kirche um und bezeichnet letztere im Unterschied zur lehrenden als die gelehrte Kirche, die ecclesia docta.

[82] *H. Fries,* Wegbereiter und Wege, Olten/Freiburg 1968, S. 22.

[83] *J. Walgrave,* Newmans Essay »Über die Befragung der Gläubigen in Dingen der christlichen Lehre«, in: Concilium 21 (1985), S. 249–254, hier S. 253.

[84] Siehe hierzu *P. Neuner,* Döllinger als Theologe der Ökumene, Paderborn u. a. 1979, S. 81.

[85] Der Papst und das Concil von Janus, Leipzig 1869; Römische Briefe vom Concil von Quirinus, München 1870.

[86] *I. v. Döllinger,* Briefe und Erklärungen über die Vatikanischen Dekrete 1869–1887, Darmstadt 1968, S. 51.

[87] Vgl. hierzu *H. Fries,* Ex sese, non ex consensu ecclesiae, in: *R. Bäumer — H. Dolch,* Volk Gottes. Zum Kirchenverständnis der katholischen, evangelischen und anglikanischen Theologie, Freiburg/Basel/Wien 1967, S. 480–500.

[88] Zitiert nach *A. Gisler,* Der Modernismus, Einsiedeln u. a. 1912, S. 166.

[89] Nach *G. Weigel,* Amerikanismus, in: LThK I, Sp. 434 f.

[90] *O. Schroeder,* Aufbruch und Mißverständnis. Zur Geschichte der reformkatholischen Bewegung, Graz/Wien/Köln 1969, S. 329. Aus diesem Werk sind auch die folgenden nur mit Seitenangabe ausgewiesenen Zitate genommen.

[91] Enzyklika Pascendi dominici gregis vom 8. September 1907, autorisierte Ausgabe Freiburg 1908, S. 55 ff; S. 81.

[92] Nach *R. Lill* im Handbuch der Kirchengeschichte, hrsg. von *H. Jedin,* Bd. VI/2, S. 524.

[93] Nach *K. Schatz,* Zwischen Säkularisation und Zweitem Vatikanum, Frankfurt 1986, S. 202.

[94] *O. Schroeder,* Aufbruch und Mißverständnis, Graz/Wien/Köln 1969, S. 364.

[95] Nach *R. Aubert* im Handbuch der Kirchengeschichte, hrsg. von *H. Jedin,* Bd. VI/2, S. 432.

[96] Nach *F. Klostermann,* Das christliche Apostolat, Innsbruck/Wien/München 1962, S. 601.

[97] Nach *M. Keller,* Katholische Aktion, Osnabrück 1935, S. 28.

[98] Nach *F. Klostermann,* a.a.O., S. 733 f.

[99] Nach *F. Klostermann,* a.a.O., S. 607.

[100] *A. Bertram,* Im Geiste und Dienste der Katholischen Aktion, München 1929, S. 24.

[101] *K. Schatz,* a.a.O., S. 224; vgl. auch *J. Horstmann,* Katholizismus und moderne Welt, München/Paderborn/Wien 1976.

[102] *F. Klostermann,* a.a.O., S. 607.

[103] *F. Klostermann,* a.a.O., S. 611.

[104] *F. Klostermann.* a.a.O., S. 612.

[105] *R. v. Scherer,* in: Kirchenlexikon, Bd. III, Sp. 546.

[106] So *G. Philips* in der historischen Einleitung zur Kirchenkonstitution, in: LThK Erg. Bd. I, S. 139.

[107] So im Augsburger Bekenntnis Nr. VII.

[108] Kirchenkonstitution Lumen gentium Nr. 10. Im folgenden ist die Kirchenkonstitution unter LG abgekürzt.

[109] LG 12. Kritisch dazu äußert sich *A. Ganoczy,* Der Apostolat der Laien nach dem II. Vatikanum, in: *E. Klinger — R. Zerfaß,* Die Kirche der Laien, Würzburg 1987, S. 97 f.

[110] Nach den Anfangsworten Apostolicam actuositatem im folgenden abgekürzt: AA. Dabei formuliert das Konzil »der Apostolat« (z. B. LG 33) oder „das Apostolat" (so in Dekret über das Apostolat der Laien). Hier wird jeweils die Diktion übernommen, die im Bezugstext verwendet wird. Zur Kontroverse über den Titel des Dokuments siehe den Kommentar von *F. Klostermann,* in: LThK Erg. Bd. II, S. 602 f. Zum vergeblichen Kampf des heiligen Vinzenz

Pallotti im 19. Jh., den Begriff des christlichen Apostolats auch auf die Laienwelt zu übertragen, siehe: *F. Courth — A. Weiser* (Hrsg.), Mitverantwortung aller in der Kirche. Festschrift zum 150jährigen Bestehen der Gründung Vinzenz Pallottis, Limburg 1985.

111 Siehe hierzu: *W. Kasper,* Kirche als Communio, in: ders., Theologie und Kirche, Mainz 1987, S. 272–289.

112 *K. Lehmann,* Das dogmatische Problem des theologischen Ansatzes zum Verständnis des Amtspriestertums, in: *F. Henrich* (Hrsg.), Existenzprobleme des Priesters, München 1969, S. 121–175, hier S. 156. LG bringt hier nach Lehmann »natürlich auch dann eine unglückliche Formulierung, wenn man ihre Entstehung kennt und sich so das ›Ärgernis‹ abschwächt . . . Natürlich bedeutet ›essentia‹ nicht den metaphysischen Wesensbegriff in Anwendung auf den Menschen als solchen«.

113 Der Text: Das geistliche Amt in der Kirche der *Gemeinsamen römisch-katholischen/evangelisch-lutherischen Kommission,* Paderborn/Frankfurt 1981, interpretiert: »Das kirchliche Amt ist nicht aus der Gemeinde ableitbar; aber es ist auch nicht eine Steigerung des gemeinsamen Priestertums, der Amtsträger ist als solcher nicht in einem höheren Grad Christ. Das Amt liegt vielmehr auf einer anderen Ebene; es hat das Priestertum des Dienstes, das dem gemeinsamen Priestertum dienend zugeordnet ist« (S. 21).

114 Zusammengefaßt bei *F. Klostermann,* Zur neuen »Ordnung der pastoralen Dienste« in der BRD, in: Diakonia 9 (1978), S. 12–18, hier S. 17.

115 Dokumentiert in Herder-Korrespondenz 17 (1962/63), S. 86.

116 So vor allem *J. Ratzinger,* Zur Lage des Glaubens, München/Zürich/Wien 1985.

117 Abgelehnt wird damit auch die neue Form einer Definition aus dem Gegensatz zwischen Priestern und Laien, die sich hinter der Warnung vor einer »Klerikalisierung der Laien und Laisierung des Klerus« verbirgt.

118 Auf die Gemeinsame Synode der Bistümer in der Bundesrepublik Deutschland wird hier nur kurz eingegangen, weil sie sich mehr der Frage nach dem Laientheologen und weniger nach dem Laien als solchen widmete. Im folgenden werden die Synodentexte nach der Seitenangabe der offiziellen Gesamtausgabe, Freiburg/Basel/Wien 1976 zitiert.

119 Weitere Hinweise auf mögliche Aufgaben für die Laien vgl. *M. Kaiser,* in: Handbuch des katholischen Kirchenrechts, hrsg. von *J. Listl — H. Müller — H. Schmitz,* Regensburg 1983, S. 189.

120 Vgl. hierzu *E. Klinger — R. Zerfaß (Hrsg.),* Die Kirche der Laien, Würzburg 1987; *B. Forte,* Laie sein, München/Zürich/Wien

1987; *P. J. Cordes,* Mitten in unserer Welt, Freiburg/Basel/Wien 1987; *Ch. Bender — M. Thull,* Berufung und Sendung der Laien in Kirche und Welt, Hildesheim 1987; *W. Beinert,* Was gilt der Laie in der Kirche? in: Stimmen der Zeit 205 (1987) S. 363–378; *W. Kasper,* Berufung und Sendung des Laien in Kirche und Welt, in: Stimmen der Zeit 205 (1987) S. 579–593. Bereits anläßlich des 150jährigen Bestehens der Gründung Vinzens Pallottis erschien: Mitverantwortung aller in der Kirche, hg. v. *F. Courth-A. Weiser,* Limburg 1985. Einen Literaturbericht zur Laienfrage brachte *U. Ruh* in: Herder-Korrespondenz 41 (1987) S. 487–491.

121 Berufung und Sendung der Laien in Kirche und Welt — zwanzig Jahre nach dem II. Vatikanischen Konzil, Lineamenta, Vatikanstadt 1985, Nr. 2. Im folgenden wird das Dokument nach der Numerierung zitiert.

122 Vgl. dazu unten S. 201.

123 Ich beschränke mich im folgenden auf die deutschen Stellungnahmen. Sie sind so bedeutsam, daß sie genannt zu werden verdienen. Und außerdem haben sie naturgemäß für die deutsche Situation besonderes Gewicht. Damit soll nicht gesagt sein, daß unter den zahlreichen offiziellen Stellungnahmen nicht auch andere bedeutsame Texte zu finden wären.

124 Stellungnahmen der Deutschen Bischofskonferenz und des Zentralkomitees der deutschen Katholiken zu den Lineamenta für die Bischofssynode 1987, 2. Mai 1986, hg. v. *Sekretariat der Deutschen Bischofskonferenz,* Bonn 1986, S. 7 (auch die folgenden Zitate sind aus diesem Dokument).

125 Stellungnahme des Zentralkomitees, a.a.O., S. 33 (auch die folgenden Zitate entstammen dieser Quelle).

126 Instrumentum laboris, in: L'Osservatore Romano (deutsche Ausgabe) 17 (21. Aug. 1987), Nr. 2 (auch die nächsten Zitate stammen aus diesem Text und sind nach der Numerierung zitiert).

127 Vgl. hierzu *D. Seeber,* Gemeinschaft, Teilnahme, Unterscheidungsarbeit. Die Generaldebatte der Bischofssynode über die Laien, in: Herder-Korrespondenz 41 (1987) S. 521–525.

128 Nach L'Osservatore Romano (deutsche Ausgabe) 17 (16. Okt. 1987) S. 8.

129 L'Osservatore Romano (deutsche Ausgabe) 17 (6. Nov. 1987), S. 8.

130 *J. Ratzinger,* a.a.O.

131 Vgl. hierzu *L. Kaufmann,* Kritische Äußerungen zu den »Movimenti«, in: Orientierung 51 (1987) S. 216–218.

132 Zitiert nach: L'Osservatore Romano (deutsche Ausgabe) 17 (1987) (6. Nov. 1987), S. 1, S. 6 (die Zitation erfolgt nach der Textnumerierung).

[133] Der Laie in Kirche und Welt. Die »Propositiones« der Bischofssynode 1987, in: Herder-Korrespondenz 41 (1987) S. 569-579 (im folgenden nach der Numerierung zitiert).

Zweiter Teil

[1] *H. Godin,* La France, pays de mission? Paris 1943. Mit einer Biographie Godins in deutscher Sprache: *Godin — Michel,* Zwischen Abfall und Bekehrung. Abbé Godin und seine Pariser Mission, Offenburg o. J. (1950).

[2] *C. A. v. Galen,* Die »Pest des Laizismus« und ihre Erscheinungsformen, 1932.

[3] *Y. Congar,* Jalons pour une théologie du laicat, Paris 1952, 2. Auflage 1954; deutsch: Der Laie. Entwurf einer Theologie des Laientums, Stuttgart 1957, 3. Auflage 1964. Die folgenden ohne weitere Quellenangaben belegten Zitate sind diesem Buch entnommen.

[4] So *Y. Congar,* Priester und Laien im Dienst am Evangelium, Freiburg/Basel/Wien 1965, S. 314.

[5] *Y. Congar,* Elemente einer »Spiritualität« des Laien, in: *A. Zottl* (Hrsg.), Weltfrömmigkeit, Eichstätt/Wien 1985, S. 68–84, hier S. 83.

[6] Im englischen Sprachbereich wurden die Gedanken Congars fruchtbar gemacht durch *M. de la Bedoyère,* einem Laien, der sich vor allem als Biograph Friedrich von Hügels einen Namen gemacht hat: The Layman in the Church, 1954, deutsch: Die Würde des Laien, Olten/Freiburg 1956. Einen eigenständigen Entwurf bringt dieses Buch allerdings nicht.

[7] *G. Philips,* Le rôle du laicat dans l'église, Tournai/Paris 1954, deutsch: Der Laie in der Kirche, Salzburg 1955. Die folgenden Seitenangaben ohne weitere Quellenbezeichnung beziehen sich auf diese deutsche Übersetzung.

[8] *J. Thomé,* Der mündige Christ. Katholische Kirche auf dem Weg der Reifung, Frankfurt 1949. Indiziert am 26. Januar 1955. Thomé trennt die unsichtbare Kirche, die nach ihm der geheimnisvolle Leib Christi ist, und die sichtbare Kirche. Diese zeigt Erstarrungen, aus denen sie nur durch mündige Christen herauskommt, die neue Formen der Frömmigkeit, neue Formulierungen der Dogmen finden und mit ihrem neuen Geist der neuen Zeit begegnen. Diese neuen Christen müssen auf das eigene, mündig gewordene Gewissen vertrauen, das um die Grenzen einer von außen kommenden Autorität weiß und in den persönlichen Entscheidungen des Lebens selbst die Verantwortung übernimmt. Falls die Kirche dieses Recht des Gewissens nicht anerkennt, verlassen die Mutigen und Reifen die Kirche; in ihr werden dann nur die Kleinen, Schwachen und Sünder zurückbleiben. Das Lehr- und Hirtenamt liegt nicht nur bei den Organen der hierarchischen Kirche, sondern es gibt auch

außerordentliche Organe: »Apostel«, die unmittelbar vom Herrn gerufen werden, »Propheten«, getrieben vom Heiligen Geist. Die Kirche muß dem Laien erlauben, frisch und frei über die aktuellen Probleme zu sprechen. Nur so wird die Kirche wieder auferstehen aus ihrer Regungslosigkeit (nach *G. Philips,* a.a.O., S. 345).

[9] Zitiert nach *A. Auer,* Weltoffener Christ, Düsseldorf 1960, S. 61.

[10] *F. X. Arnold,* Kirche und Laientum, in: ders., Glaubensverkündigung und Glaubensgemeinschaft, Düsseldorf 1955, S. 106–140, hier S. 126. Auch die folgenden Zitate sind aus diesem Aufsatz.

[11] *A. Auer,* Weltoffener Christ. Grundsätzliches und Geschichtliches zur Laienfrömmigkeit, Düsseldorf 1960. Die folgenden Zitate stammen aus diesem Buch.

[12] Zu F. v. Hügel siehe auch: *P. Neuner,* Religiöse Erfahrung und geschichtliche Offenbarung. Friedrich von Hügels Grundlegung der Theologie, München/Paderborn/Wien 1977; ders.: Religion zwischen Kirche und Mystik. Friedrich von Hügel und der Modernismus, Frankfurt 1977.

[13] *R. Egenter,* Christliche Laienfrömmigkeit, in: Münchener Theologische Zeitschrift 10 (1959), S. 7–18, hier S. 9; vgl. auch ders., Die Aszese des Christen in der Welt, Ettal 1956.

[14] *H. U. v. Balthasar,* Der Laie und der Ordensstand, Freiburg 1949.

[15] *H. U. v. Balthasar,* Der Laie und die Kirche, in: ders., Sponsa Verbi. Skizzen zur Theologie II, Einsiedeln 1961, S. 332-348, hier S. 346.

[16] *H. U. v. Balthasar,* Wer ist ein Laie? in: Internationale Katholische Zeitschrift 14 (1985), S. 385–391, hier S. 387.

[17] *H. U. v. Balthasar,* Sponsa Verbi, S. 343. (Auch die folgenden Zitate stammen aus diesem Werk).

[18] Von Balthasar spricht in diesem Zusammenhang der Laienbeichte eine »quasi-sakramentale Wirkung« zu (a.a.O., S. 339).

[19] *K. Rahner,* Über das Laienapostolat, in: ders., Schriften zur Theologie, Bd. II, Einsiedeln/Zürich/Köln 1961, S. 339–373. Im folgenden sind die Zitate aus diesem Aufsatz nur mit Seitenangabe angeführt. Mit heranzuziehen wäre ferner: Sakramentale Grundlegung des Laienstandes in der Kirche, in: ders., Schriften, Bd. VII, Einsiedeln/Zürich/Köln 1966, S. 330–350.

[20] *E. Schillebeeckx,* Die typologische Definition des christlichen Laien nach dem Zweiten Vatikanischen Konzil, in: ders., Gott, Kirche, Welt. Gesammelte Schriften, Bd. II, Mainz 1970, S. 140–161, hier S. 141; ders., Die neue Ortsbestimmung des Laien. Rückblick und Synthese, a.a.O., S. 162–172. Im folgenden werden Zitate aus diesem Band lediglich mit der Seitenangabe des Bandes zitiert.

[21] LG 31 (Hervorhebung vom Verfasser).

[22] In seinem Werk Christliche Identität und kirchliches Amt, Düsseldorf 1985, scheint sich *Schillebeeckx* insofern Rahner etwas anzunähern, als er nun von einem »vierten Amt« neben Episkopat, Presbyterat und Diakonat spricht, »das von der Kirchengemeinschaft und ihren Leitern pastoral Tätigen verliehen wird: durch Handauflegung und eine entsprechende Epiklese, ein Gebet, in dem die Aufgabe dieser pastoral Tätigen genau umschrieben und als Fürbitte formuliert wird« (S. 319).

[23] Die Berufsbezeichnungen sind in den verschiedenen deutschen Diözesen nicht ganz einheitlich. Ich verwende hier den weithin eingebürgerten Begriff »Pastoralassistent«, ohne daß ich damit irgendwie ein negatives Urteil über die Aufstiegschancen geben möchte. Zur Literatur vgl.: *W. J. Hentschel,* Pastoralreferenten — Pastoralassistenten, Eichstätt/Wien 1986; Der Pastoralreferent. Seelsorger und Laie, hrsg. von *B. Münning — R. Butterbrodt — W. Wingert,* Hildesheim 1985. Den früheren Stand der Diskussion stellt dar *L. Karrer,* Laientheologen in pastoralen Berufen, Mainz 1974; vgl. auch *L. Karrer,* Laie/Klerus in: NHthG, Bd. II, S. 363–374.

[24] Congar stellt dar, daß sowohl im offiziellen römischen Sprachgebrauch, als auch in Texten der französischen Bischofskonferenz sehr wohl der Begriff »Amt« für Laientheologen verwendet wird: Elemente einer »Spiritualität« des Laien; in: *A. Zottl* (Hrsg.), Weltfrömmigkeit, Eichstätt/Wien 1985, S. 74 f.

[25] Gemeinsame Synode der Bistümer in der Bundesrepublik Deutschland, Offizielle Gesamtausgabe Bd. I, Freiburg/Basel/Wien 1976, S. 174 f.

[26] A.a.O., S. 587.

[27] Veröffentlicht vom Sekretariat der Deutschen Bischofskonferenz, Bonn 1977 (Der Text wird nach der amtlichen Numerierung zitiert).

[28] Vgl. *W. Kasper,* Die schädlichen Nebenwirkungen des Priestermangels, in: Stimmen der Zeit 195 (1977) S. 129–135; *K. Rahner,* Pastorale Dienste und Gemeindeleitung, in: Stimmen der Zeit 195 (1977), S. 733–743; *P. Hünermann,* Ordo in neuer Ordnung? Dogmatische Überlegungen zur Frage der Ämter und Dienste in der Kirche heute, in: *F. Klostermann* (Hrsg.), Der Priestermangel und seine Konsequenzen, Düsseldorf 1977, S. 58–94.

[29] *G. Greshake,* Der theologische Ort des Pastoralreferenten und sein Dienst, in: Lebendige Seelsorge 29 (1978), S. 18–27; ders., Priester sein. Zur Theologie und Spiritualität des priesterlichen Amtes, Freiburg 1982.

[30] *H. J. Pottmeyer,* Thesen zur theologischen Konzeption der pastoralen Dienste und ihrer Zuordnung, in: Theologie und Glaube 55 (1976), S. 313–337.

[31] *K. Rahner,* a.a.O., S. 738.

[32] *P. Hünermann,* a.a.O., S. 91, Vgl. hierzu jetzt auch *A. Ganoczy,* Einführung in die katholische Sakramentenlehre, Darmstadt, 2. Auflage 1984, S. 41.

[33] *F. Klostermann,* Zur neuen »Ordnung der pastoralen Dienste« in der BRD, in: Diakonia 9 (1978) S. 12–18, hier S. 17.

[34] *J. Finkenzeller,* Kirchliche Ämter und Dienste, in: Theologie der Gegenwart 21 (1978) S. 129–139, hier S. 138.

[35] Neu bekräftigt wurde dieser Beschluß der Gemeinsamen Synode durch die Diözesansynode Rottenburg-Stuttgart 1985/86, Weitergabe des Glaubens an die kommende Generation, Stuttgart 1986, S. 186 f.

[36] *L. Boff,* Kirche: Charisma und Macht, Düsseldorf 1985, S. 235.

[37] Vgl. hierzu *P. Ribeiro de Oliveira,* Was bedeutet analytisch betrachtet »Volk«?, in: Concilium 20 (1984) S. 505–512.

[38] *L. Boff,* Was bedeuten theologisch »Volk Gottes« und »Volkskirche«? in: Concilium 20 (1984), S. 512–521, hier S. 518.

[39] Dies ist der Gehalt des drastischen Worts von *L. Boff* von der Depotenzierung der Laien und der Beraubung des Volkes von allen symbolischen Produktionsmitteln (Kirche: Charisma und Macht, S. 85, S. 211).

[40] *K. Mörsdorf,* Das eine Volk Gottes und die Teilhabe der Laien an der Sendung der Kirche, in: Ecclesia et ius (Festschrift A. Scheuermann), hrsg. von *K. Siepen — J. Weitzel — P. Wirth,* München/Paderborn/Wien 1968, S. 99–119, hier S. 106. *M. Kaiser* stellt fest, mit dieser Umschreibung handle es sich »nicht um ausschließliche Zuweisungen«, in: Handbuch des katholischen Kirchenrechts, hrsg. von *J. Listl — H. Müller — H. Schmitz,* Regensburg 1983, S. 182.

[41] *E. Schillebeeckx,* Gott, Kirche, Welt, Mainz 1970, S. 146. Die Deutsche Bischofskonferenz bezeichnet in ihrer Stellungnahme zu den *Lineamenta* die Beschreibung des Laien in LG 31 als »typologische Deskription«, als »eine praktisch-deskriptive 'Ad-hoc-Definition', die nicht ›ontologisch‹ gemeint ist« (a.a.O. 58 und Anm. 1).

[42] *M. Kaiser,* a.a.O., S. 185.

[43] *M. Kaiser,* a.a.O., S. 186.

[44] *A. Weiser,* Diskussion über den Laien, in: Christ in der Gegenwart 39 (1987), S. 236.

[45] *B. Forte,* Laie sein. Beiträge zu einem ganzheitlichen Kirchenverständnis, München/Zürich/Wien 1987, S. 112 f.

[46] *M. Kaiser,* a.a.O., S. 186.

[47] *P. M. Zulehner,* Das Gottesgerücht, Düsseldorf 1987, S. 74.

[48] *P. Neuner,* Friedrich von Hügel, in: Christliche Philosophie im katholischen Denken des 19. und 20. Jahrhunderts, hrsg. v. *E. Coreth — W. M. Neidl — G. Pfligersdorffer,* Bd. 1, Graz/Wien/Köln 1987, S. 737–749, hier S. 740.